잠잠히 하나님을 믿으라 (상)

Keep Calm
and
Trust God VOL.1

BY
JAKE PROVANCE
&
KEITH PROVANCE

제이크 프로방스 & 키이스 프로방스 지음

한길환 옮김

엘맨
하나님의 사람을 만들어 가는 ELMAN

잠잠히 하나님을 믿으라 (상)

Keep Calm and Trust God VOL.1

초판1쇄 2020년 6월 15일

지은이 : 제이크 프로방스 & 키이스 프로방스
옮긴이 : 한길환
펴낸이 : 이규종
펴낸곳 : 엘맨출판사
등록번호 : 제13-1562호(1985.10.29.)
등록된곳 : 서울시 마포구 토정로222
              한국출판콘텐츠센터 422-3
전화 : (02) 323-4060,6401-7004
팩스 : (02) 323-6416
이메일 : elman1985@hanmail.net
www.elman.kr
ISBN : ISBN 978-89-5515-680-5 03230

값 11,500 원

잠잠히 하나님을 믿으라 (상)

Keep Calm
and
Trust God VOL.1

BY
JAKE PROVANCE
&
KEITH PROVANCE

제이크 프로방스 & 키이스 프로방스 지음

한길환 옮김

엘맨
하나님의 사람을 만들어 가는 ELMAN

목 차

Table of Content

옮긴이의 글

우리는 만사가 끊임없이 급변하는 불확실한 시대 속에서 살고 있다. 이 거대한 현실적인 시대의 조류에 적응하지 못하고 갖가지 고통에 시달리고 있다. 심지어 그리스도인들조차도 이 문제를 극복하지 못하고 자살 충동을 느끼고 스스로 생을 마감하는 선택을 하기도 한다. 참으로 안타까운 일이다.

저자는 우리가 일상 속에서 매일 겪는 이와 같은 고통을 세분화시켜서 원인과 결과를 분석하고 하나님의 말씀으로 대안과 해결책을 제시한다.

「잠잠히 하나님을 믿으라」는 상하 2권으로 되어 있다. 이와 함께 동일한 저자의 다양한 다른 주제의 책 7권이 시리즈로 출판될 예정이다.

이 책들은 미국에서만 100만 부 이상이 발행된 베스트셀러이다. 또한 전 세계적으로 번역 출판되어 수많은 사람들에게 실질적인 도움을 주고 있다. 이 책이 가족 구성원이나 본인, 정신적으로 또는 영적인 문제로 고통을 받고 있는 분들에게 주님의 은혜로 긴 어둠의 터널을 벗어나는 탈출구가 되기를 간절히 기원한다.

충남 홍성 생명의 강가 작은 서재에서
한길환 목사

Translator's writing

We live in an era of uncertainty where everything is constantly changing. We are not able to adapt to the tides of this huge, realistic era and suffer from all kinds of suffering. Even Christians do not overcome this problem and feel the urge to commit suicide and choose to end their lives on their own. It is a pity. The author analyzes the causes and effects by subdividing the pains we experience every day in our daily lives, and presents alternatives and solutions in God's Word. [Keep calm and Trust God] consists of two volumes. In addition, seven books from various different topics of the same author will be published in the series. These books are bestsellers with more than 1000,000 copies in the United States alone. It has also been translated and published worldwide, providing practical help to thousands of people. I sincerely wish this book to be a way out of the long dark tunnel through the grace of the Lord to family members or those who are suffering from mental or spiritual problems.

In a small study on the riverside
of life in Hongseong, Chungcheongnam-do

Pastor Gil-Hwan Han

머리글

영국 정부는 세계 2차 대전의 위협이 다가오자 1939년에 "평정심을 유지하고 계속하라"는 표어를 만들어 냈다. 히틀러의 군대가 영국을 침공할 경우, 그 포스터는 독일의 침략에 대한 그들의 결의를 강화하기 위한 시도로 영국의 일반인들에게 배포할 예정이었다. 독일이 해협을 건너서 영국을 침공한다면 세계 역사상 가장 암흑의 시기 중 하나가 될 것이다.

나치의 공습 그리고 폭탄 투하, 죽음 그리고 파괴, 혼란에 빠진 상황에서 영국 정부는 사람들에게 격려가 필요하다는 것을 알았다.

자유 세계의 미래는 균형을 잃고 흔들리고 있었다. 그러자 그 어두운 시대에 성도들은 사방에서 열렬히 기도했다.

감사하게도 우리들 대부분은 우리 자신의 삶 속에서 결코 그와 같은 비극과 역경을 겪지 않을 것이다. 그럼에도 불구하고 우리는 오늘날 다른 종류의 전쟁에 휘말리고 있는 자신을 발견한다.

우리의 삶은 끊임없이 공격을 당하는 것 같다. 걱정, 두려움, 스트레스, 불안이 우리 중 많은 사람을 상대로 매일 싸움을 일으킨다. 우리 사회는 우울증과 낙담을 사회적으로 흔한 심각하지 않은 질병으로 받아들인다. 걱정은 성취되지 않은 꿈, 상실, 이혼, 질병, 죽음, 실패, 실수와 비난이 우리위에 폭탄처럼 쏟아져 우리를 꼼짝 못하게 위협한다.

그러나 하나님은 그런 파괴적인 잔학행위의 창시자나 원인이 아니시다. 성경은 요한복음 10장 10절에서 "도둑질하고 죽이고 멸망시키려고 온 것은 사탄이다. 예수님은 우리에게 생명을 얻게 하고 더 풍성히 얻게 하시기 위해서 오셨다."고 분명히 말씀한다.

우리는 이런 힘든 시기에 어디로 향해야 할까? 2차 세계대전 때 그리스도인들이 있었던 곳으로 향해야 한다-기도. 영국이 독일 침공의 위협에 직면했을 때 그들이 했던 것처럼, 우리는 "평정심을 유지하고 우리가 하던 일을 계속해야 한다" 그러나 역경이 올 때, 단순히 평점심을 유지하는 것만으로는 충분하지 않다. 우리는 표어만 가지고 우리 영혼의 적과 싸울 수 없다. 또한 우리는 자신의 힘만으로 "하던 일을 계속"할 수 없다. 우리는 하나님을 의지하고 하나님께 우리의 싸울 힘을 얻을 필요가 있다. 우리는 그분을 완전히 전적으로 신뢰할 필요가 있다.

우리가 그것을 깨닫든 깨닫지 못하든 간에 오늘날 우리의 삶에서 직면하는 많은 전투는 영적 전투이다. 따라서 우리는 우리 자신의 의지력만으로는 이길 수 없다. 당신이 문제가 생기거나 나쁜 소식이 바로 눈앞에 닥칠 때, 하나님께 대한 믿음으로 두려움을 대신하고, 하나님을 믿는 믿음으로 걱정을 대신하고, 불안을 그분의 평화로 바꾸기로 결심하라. 무엇보다도 잠잠히 하나님을 믿으라. 하나님은 결코 당신을 떠나지 않으시고 버리지 않으시겠다고 약속하셨다. 그분은 당신의 삶의 부분이 되기를 원하신다. 당신이 그분의 도움이 필요할 때 당신이 해야 할 모든 일은 그분의 도우심을 구하는 것이다. 당신이 가장 필요한 때에 그분은 당신을 들어 올리시고 떠받치실 것이다. 그분은 삶의 폭풍의 한가운데서 당신에게 평화를 주실 것이다.

우리의 소망을 다음 한 구절의 말씀이 당신이 당신의 삶 속에서 직면하고 있는 도전을 이겨낼 격려와 힘, 그리고 영감을 줄 것이다. 하나님은 당신 편이시다. 하나님은 당신을 돕고 계신다! 하나님은 당신을 끝까지 돌보실 것이다!

Introduction

The British government coined the slogan "Keep Calm and Carry On" in 1939 as the threat of World War II loomed. In the event that Hitler's army invaded England, the posters were to be distributed to England's general population in an effort to galvanize their resolve to resist German aggression. Should Germany invade across the English Channel, it would be one of the darkest times in world history.

Under the shadow of Nazi air raids and bombing runs, death and destruction, and a world thrown into chaos, the British knew the people would need encouragement. The future of the free world teetered in the balance. And in those dark times, believers everywhere prayed fervently.

Thankfully, most of us will never have to face that kind of tragedy and adversity in our own lives. Nevertheless, today we find our- selves embroiled in a different kind of war.

Our lives seem to be under constant assault. Worry, fear, stress, and anxiety make war on many of us daily. Our society has accepted depression and discouragement as common social ailments. Anxiety threatens to immobilize us, as unfulfilled dreams, loss, divorce, sickness, death, failures, mistakes, and criticism seem to rain down on us like bombs.

But God is not the author or cause of such destructive atrocities. The Bible clearly states in John 10:10 that it is Satan that is the enemy who comes to steal, and to kill, and to destroy. Jesus came that we might have life-and life more abundantly.

So where do we turn in these trying times? The same place the Christians in World War II did: prayer.

Just as with the British facing the threat of German invasion, we must "Keep Calm and Carry On." When adversity comes, however, simply keeping calm is not enough. We cannot fight the enemy of our soul with a slogan. Nor can we "carry on" in our own strength. We need to rely on and gain our strength from God. We need to trust Him completely and totally.

Whether we realize it or not, many of the battles we face in our lives today are spiri- tual battles, and we cannot win with just our own willpower. When trouble comes your way or when bad news hits you right between the eyes, be determined to replace fear with confidence in God, to replace worry with faith in Him, and to replace anxiety with His peace. Keep calm, and most of all, trust God.

God has promised to never leave you or forsake you. He wants to be a part of your life. When you need His help, all you have to do is ask. In your hour of greatest need, He will uphold you and sustain you. He will give you peace in the midst of the storms of life.

Our hope is that the following pages will provide

encouragement, strength, and inspiration to over-come whatever chal- lenges you may be facing in your life. God is on your side; God is for you! He will see you through!

"불안은 믿음의 끝이다. 참 믿음의 시작은 불안의 끝이
다."

- 조지 뮬러(George Mueller)

"The beginning of anxiety is the end of faith, and the beginning of true faith is the end of anxiety."

— GEORGE MUELLER

불안

불안은 항상 우리 주위에 있는 것 같다. 때때로 일상생활의 번거로운 일들이 우리를 불안하게 만들 수 있다. 불안은 친구, 가족, 그리고 삶을 즐기는 우리의 능력을 훔쳐 갈 수 있다. 불안은 고혈압, 위 또는 장 질환 및 심장마비의 원인이 될 수 있다. 심지어 공황 발작이나 신경 쇠약을 일으킬 수도 있다. 물론 삶은 도전과 갈등 그리고 스트레스의 상황으로 가득 차 있다.

그러나 우리는 불안이 우리의 삶에서 불안감을 야기하게 해서는 안 된다. 원인이나 근원이 무엇이든 간에 불안은 바람직한 목적에 도움이 되지 않는다. 우리의 삶은 너무 짧기 때문에 불안이 평화롭고 생산적이고 성취된 삶의 기쁨을 훔치도록 내버려 둘 수는 없다!

하나님은 빌립보서 4장 6,7절에서 불안과 싸울 수 있는 열쇠를 주신다.

"아무것도 염려하지 말고 다만 모든 일에 기도와 간구로 너희 구할 것을 감사함으로 하나님께 아뢰라 그리하면 모든 지각에 뛰어난 하나님의 평강이 그리스도 예수 안에서 너희 마음과 생각을 지키시리라."

이 말씀은 염려에 대한 열쇠를 거의 압축해서 보여 준다. 감사하는 기도는 평화를 준다. 그뿐이랴! 단지 그냥 평화가 아니라 하나님께로부터 나오는 인간의 모든 지각을 초월하는 초자연적인 평화다! 이것이 기쁜 소식이 아닌가?

예수님은 요한복음 14장 27절에서 "자신을 불안하고 혼란스럽게 하는 것을 그대로 놔두지 말라. 자신을 두렵게 하고 위협하고 겁내게 하고 불안하게 하지 않도록 하라."고 말씀하셨다(AMP-부연성경). 이를 근거로 예수님은 우리에게 불안해하지 않고 자유하는 삶을 사는 것은 선택이라고 말씀하신 것임에 틀림없다.

당신은 불안에 굴하지 않는 선택을 할 수 있다. 당신의 믿음을 하나님께 두고 낙담하고 동요하는 것을 거부하라. 당신의 축복을 세어보라! 당신의 확신을 하나님께 두라, 이는 하나님이 당신을 사랑하시고, 당신을 돌보시고, 당신을 지지하시기 때문이다.

Anxiety

Anxiety seems to be all around us, all the time. Sometimes, just the normal hassles of daily living can cause us to be anxious. Anxiety can steal our ability to enjoy friends, family, and life in general. Anxiety can contribute to high blood pressure, stomach or intestinal disorders, and heart attacks. It can even lead to panic attacks or nervous breakdowns.

Sure, life is full of challenges, conflicts, and stressful situations, but we don't have to let them produce anxiety in our lives. Whatever the cause or source, anxiety serves no good purpose. Life is too short to allow anxiety to steal the joy of living a peaceful, productive, and fulfilled life!

God provides the key to combating anxiety in Philippians 4:6-7: "Do not be anxious about anything, but in every situation, by prayer and petition, with thanksgiving, present your requests to God. And the peace of God, which transcends all understanding, will guard your hearts and your minds in Christ Jesus" (NIV).

That pretty much sums it up-prayer with thanksgiving produces peace. And not just any peace, but a supernatural peace that comes from God and that surpasses all human understanding! Isn't that good news?

Jesus said in John 14:27, "Stop allowing yourself to be anxious and disturbed: and do not permit yourself to be fearful and intimi- dated and cowardly and un-settled" (AMP). Based on that, Jesus must be telling us that living an anxiety-free life is a choice.

You can choose to rise above anxiety. Put your trust in God and refuse to be discour- aged and ag-itated. Count your blessings! Put your confidence in Him, for He loves you, cares for you, and believes in you.

◈ 기도

주여! 불안해 하지 않도록 도와주소서. 나는 내가 직면하는 것이 무엇이든 주님이 곧 나와 함께 계시고 절대로 나를 떠나시거나 버리시지 않으시겠다고 약속하신 것을 알고 있나이다. 나를 둘러싸고 있는 불안한 상황에도 불구하고 당신을 믿을 수 있도록 나를 도와주소서. 주여 내가 불안의 시험을 받을 때 당신의 약속의 말씀을 말하고 당신의 말씀의 응답으로 내 마음에 대한 공격을 극복하도록 도와주소서. 나쁜 생각과 욕망을 좋은 생각으로 대체함으로 재빨리 대응하게 하소서.

주여! 당신이 내 앞에 길을 밝혀 주셔서 감사하나이다. 나에게 분명한 가르침을 주셔서 내가 의로운 길에 견고하게 서 있게 하소서. 나는 당신을 전적으로 믿나이다. 당신은 나의 방패이시며 피난처이시나이다. 당신은 나의 바위이시며 나의 성이시나이다.

당신은 나의 은신처이시며 견고한 망대이시나이다. 폭풍이 몰아치는 가운데서도 당신의 지력으로 나를 깨우치시고 나에

게 당신의 평화를 주소서. 나는 어떤 일에도 불안해 하는 것을
거부하나이다. 아멘.

◈ Prayer

Lord, help me not to be anxious. I know that, whatever I am facing, you are right there with me and have promised to never leave me or forsake me. Help me to trust you despite the circumstances that surround me. Lord, when I am tempted to be anxious, help me to speak your promises, to overcome the attacks on my mind with answers from your Word. Let me be quick to respond to wrong thoughts and desires by replacing them with good thoughts.

Thank you, Lord, that you light the way before me. You give me clear instruction and keep me firmly on the paths of righteousness. I put my complete trust in you. You are my shield and my refuge. You are my rock and my fortress. You are my hiding place and strong tower. In the midst of the storm, you enlighten me with your understanding and give me your peace. I refuse to be anxious about anything.

"그러므로 하나님의 능하신 손 아래에서 겸손하라 때가 되면 너희를 높이시리라 너희 염려를 다 주께 맡기라 이는 그가 너희를 돌보심이라 근신하라 깨어라 너희 대적 마귀가 우는 사자같이 두루 다니며 삼킬 자를 찾나니"

- 벧전 5:6~8

"아무것도 염려하지 말고 다만 모든 일에 기도와 간구로, 너희 구할 것을 감사함으로 하나님께 아뢰라 그리하면 모든 지각에 뛰어난 하나님의 평강이 그리스도 예수 안에서 너희 마음과 생각을 지키시리라."

- 빌 4:6,7

◈ Scriptures

"Humble yourselves, therefore, under God's mighty hand, that he may lift you up in due time. Cast all your anxiety on him because he cares for you. Be self-controlled and alert. Your enemy the devil prowls around like a roaring lion looking for someone to devour."

- 1 PETER 5:6-8 (NIV)

"Do not fret or have any anxiety about anything, but in every circumstance and in everything, by prayer and petition (definite requests), with thanksgiving, continue to make your wants known to God. And God's peace [shall be yours, that tranquil state of a soul assured of its salvation through Christ, and so fearing nothing from God and being content with its earthly lot of whatever sort that is, that peace] which transcends all under- standing shall garrison and mount guard over your hearts and minds in Christ Jesus."

- PHILIPPIANS 4:6-7 (AMP)

"우리는 우리의 마음이 옳고, 우리의 의도가 열렬하며, 우리의 용기가 확고하며, 우리의 믿음이 하나님께 고정된 한, 모든 폭풍우를 안전하게 헤쳐 나갈 것이다. 만약 우리가 때때로 폭풍우 때문에 어느 정도 망연자실한다면, 결코 두려워하지 말고, 한숨을 돌리고, 다시 시작하자."

- 프랜시스 드 세일즈(Francis De Sales)

"We shall steer safely through every storm, so long as our heart is right , our intention fervent , our courage steadfast , and our trust fixed on God. If at times we are somewhat stunned by the tempest , never fear, Let us take breath, and go on afresh."

- FRANCIS DE SALES

"걱정은 하나님이 우리의 삶에서 일어나고 있는 일을 처리하실 만큼 충분히 크시고, 능력이 있으시고, 우리를 사랑하실 만큼 충분하시지 않다는 것을 의미한다."

- 프랜시스 찬(Francis Chan)

"Worry implies that we don't quite trust God is big enough, powerful enough, or loving enough to take care of what's happening in our lives."

- FRANCIS CHAN

걱정

우리 모두는 매일 우리의 건강, 재정, 가족, 직업, 경제 등 무언가에 대해 걱정할 일이 일어날 가능성이 있다. 걱정의 목록은 끝이 없다. 우리가 그들을 허락한다면 걱정은 우리의 삶을 파괴할 할 수 있다!

그러나 걱정은 너무 비생산적이어서 불안, 스트레스, 두려움을 야기하는 것 외에는 아무것도 성취하지 못한다. 걱정은 당신의 기쁨, 평화, 믿음을 앗아갈 것이다. 걱정은 당신의 마음을 흐리게 할 수 있고 종종 비이성적인 생각으로 이어지게 할 수 있다.

당신의 삶에 대한 걱정의 강도와 영향력은 당신이 당신의 문제를 되씹을 때 커진다. 그러나 멋진 소식이 있다. 하나님의 계획은 당신이 걱정으로부터 자유로운 삶을 사는 것이다! 어떻게 그게 가능할까? 당신은 궁금해 할지도 모른다. 간단하다. 당신의 완전한 신뢰와 믿음을 하나님과 그분의 말씀에 두는 것이다. 하나님은 결코 당신을 떠나지도 버리지도 않겠다고 약속하셨다. 성경은 마태복음 6장 25절 말씀에서 너희는 삶에 대한 염려를 하지 말라고 말씀하신다.

당신은 당신의 하늘의 아버지의 눈을 통해서 본다면 어떤 상황이나 환경도 하나님께는 너무 크지 않다는 것을 알게 될 것이다! 우리의 문제는 실제로 우리의 하나님이 얼마나 크신가에 비하면 아주 작다! 많은 사람들이 놓치는 비밀은 무언가에 대해 걱정하지 말라고 스스로에게 말하는 것만으로는 충분하지 않다는 것이다. 당신은 걱정스러운 생각을 하나님의 생각으로 바꾸어야 한다. 당신이 말씀을 되씹으면 당신은 그분의 생각을 곱씹는 것이다. 바울은 이런 과정을 로마서 12장 2절에서 "너희의 마음을 새롭게 하라"고 말씀한다.

하나님의 말씀을 읽고 묵상하고 입으로 시인하고 되뇌는 것이 당신의 매일 일상생활의 일부분이 되도록 하면 당신의 삶이 바뀔 것이다! 걱정이 당신을 사로잡으려 할 때 스스로에게 잠잠히 하나님을 믿으라고 말하라. 이는 하나님이 당신을 돌보실 것이기 때문이다. 당신은 하나님께 금보다 더 소중하다!

Worry

We all face the daily opportunity to worry about something-our health, finances, family, jobs, the economy. The list is endless. If we let them, our worries can consume our lives!

Yet worry is so unproductive, it accom- plishes nothing except producing anxiety, stress, and fear. Worry will rob you of your joy, peace, and faith. It can cloud your mind and often leads to irrational thinking.

Worry's strength and hold on your life only grows if you dwell on your problems. But there is great news-God's plan is for you to live a worry-free life! You may be wondering, How is that possible? Simple: by putting your complete trust and confidence in God and His Word. God promised that He would never leave you or forsake you, and the Bible tells us in Matthew

6:25 not to worry about your life.

If you were to look through the eyes of your Heavenly Father, you would see that no situation or circumstance is too great for God! Our problems are actually quite small compared to how big our God is!

The secret so many people miss is that it's not enough to tell yourself not to worry about something; you have to replace worried thoughts with God's thoughts. When you dwell on the Word, you dwell on His thoughts. Paul refers to this process as "renewing your mind" in Romans 12:2. Making it a part of your daily routine to read, meditate, and speak God's Word will trans- form your life!

When worry tries to grip you, tell your- self to keep calm and trust God, because He is going to take care of you. You are more precious than gold to Him!

◈ 기도

주여! 아무것도 걱정하지 않도록 도와주소서. 나는 이 상황을 헤쳐나가기 위해 당신을 찾고 있나이다. 당신의 말씀에 순종하여 당신께 모든 걱정과 관심과 염려를 쏟아 놓나이다. 흔들리지 않고 잠잠할 수 있도록 당신의 평화를 주소서. 당신의 평화가 내 마음을 다스리고 지배할 수 있도록 도와주소서.

나는 나의 신뢰와 믿음을 당신께 두나이다. 당신이 나를 사랑하시고 나를 보살피시고 계신다는 것을 아나이다. 나는 당신이 나를 실망시키지 않으실 것을 알고 있나이다. 나는 당신이 나를 위해 모든 일을 하고 계신다는 것을 믿나이다. 주여! 이 상황에서 당신의 완전한 뜻을 내게 보여 주소서. 내가 지속적으로 당신을 바라보고 내 마음이 걱정하거나 두려워하지 않게 하소서. 내 감정이나 기분이 나의 행동을 지배하지 않게 하시고 영적으로 강하고 담대하도록 도와주소서. 아멘.

◆ Prayer

Lord, help me not to worry about anything. I am looking to you to see me through this situation. In obedience to your Word, I cast all my care, concern and worry on you. Grant me your peace to remain steady and calm. Help me to let your peace rule and reign in my heart.

I put my trust and confidence in you. I know you love me and care for me as a loving Father. I know you will not let me down. I believe you are working everything out for my good. Lord, reveal to me your perfect will in this situation. Let me keep looking to you and not let my heart be trou- bled or fearful. Help me to be spiritually strong and courageous and not to let my emotions or feelings dictate my actions.

◆ 성경

"그러므로 내가 너희에게 이르노니 목숨을 위하여 무엇을 먹을까 무엇을 마실까 몸을 위하여 무엇을 입을까 염려하지 말라 목숨이 음식보다 중하지 아니하며 몸이 의복보다 중하지 아니하냐 공중의 새를 보라 심지도 않고 거두지도 않고 창고에 모아들이지도 아니하되 너희 하늘 아버지께서 기르시나니 너희는 이것들보다 귀하지 아니하냐 너희 중에 누가 염려함으로 그 키를 한 자라도 더할 수 있겠느냐."

- 마 6:25~27

"네 짐을 여호와께 맡기라 그가 너를 붙드시고 의인의 요동함을 영원히 허락하지 아니하시리로다."

- 시 55:22

"그런즉 이 일에 대하여 우리가 무슨 말 하리요 만일 하나님이 우리를 위하시면 누가 우리를 대적하리요."

- 롬 8:31

◈ Scriptures

"Therefore I tell you, do not worry about your life, what you will eat or drink; or about your body, what you will wear. Is not life more than food, and the body more than clothes? Look at the birds of the air; they do not sow or reap or store away in barns, and yet your heavenly Father feeds them. Are you not much more valuable than they? Can any one of you by worrying add a single hour to your life?"

- MATTHEW 6:25-27 (NIV)

"Cast thy burden upon the LORD, and he shall sustain thee: he shall never suffer the righteous to be moved."

- PSALM 55:22

"What shall we then say to these things? If God be for us, who can be against us?"

- ROMANS 8:31

"걱정은 내일의 슬픔을 없애는 것이 아니라 오늘의 용기
를 없애는 것이다."

-코리 텐 붐(홀로코스트-Holocaust Survivor
-나치스의 유대인 대학살 생존자)

"Worry does not empty tomorrow of its sorrow, it empties today of its strength."

- CORRIE TEN BOOM

(HOLOCAUST SURVIVOR)

"용기는 두려움이 없는 것이 아니라 그 용기에 대한 승리라는 것을 배웠다. 용감한 사람은 두려움을 느끼지 않는 사람이 아니라 그 두려움을 정복하는 사람이다."

- 넬슨 만델라(Nelson Mandela)

"I learned that courage was not the absence of fear, but the triumph over it. The brave man is not he who does not feel afraid, but he who conquers that fear."

- NELSON MANDELA

두려움

두려움은 당신의 가장 큰 적이 될 수 있다. 두려움은 당신의 기쁨을 훔치고 당신의 평화를 빼앗고 당신의 믿음을 마비시킬 수 있다. 두려움은 당신의 감각을 둔화시키고 당신의 마음을 혼란스럽게 하고 비이성적인 생각과 행동을 일으킬 수 있다. 두려움은 우리가 평상시에는 절대 생각하지 않을 말을 하고 행동을 하게 할 수 있다.

두려움은 여러 가지 형태를 띠고 있다. 두려움은 안 좋은 일이 생길까 봐 갖는 작은 두려움으로 나타날 수도 있고 정신적으로 육체적으로 영적으로 무력하게 만들기도 한다. 그 징후가 무엇이든 두려움은 우리의 삶에 부정적인 영향을 미칠 수 있는 영적인 힘이며 더 큰 영적 힘(하나님께 대한 믿음)에 의해서만 정복될 수 있다는 사실을 아는 것이 중요하다.

예수님은 사람들에게 "두려워하지 말라"고 자주 말씀하셨다. 그분은 두려움이 우리의 믿음에 미칠 수 있는 파괴적인 영향력을 알고 계셨다. 두려움은 하나님의 축복이 우리의 삶으로 흘러들어오는 것을 차단할 수 있다. 우리가 매일 두려움으로부터 자유하고 믿음으로 충만한 삶을 사는 것이 하나님의 뜻이다. 만약 예수님이 우리에게 "두려워하지 말라"고 하신다면, 그것은 우리가 그렇게 할 능력이 있다는 것을 의미한다. 당신은 성경에 "두려워하지 말라" 또는 "무서워하지 말라"는 말씀이 365번이나 기록되었다는 사실을 알고 있는가? 그것은 일 년 중 매일 한 번씩이다!

하지만 어떻게 하면 우리가 그 지침을 실천에 옮길 수 있는가? 우리는 우리의 믿음으로 두려움과 싸운다. 그리고 우리는 우리의 말로 우리의 믿음을 향상시킨다.

두려움이 당신을 대적하려고 할 때 당신은 당신의 말로 그것을 격퇴하라. 큰 소리로 이렇게 말하라. "예수님은 내게 두려운 마음을 주신 것이 아니라 능력과 사랑과 그리고 건전한 마음을 주셨다. 예수님께서 두려워하지 말라고 하셨기 때문에 나는 두려워하지 않을 것이다. 나는 잠잠히 주님을 믿겠다. 나는 두려워하지 않을 것이다."

Fear

Fear may be your greatest enemy. It can steal your joy, rob your peace, and paralyze your faith. It can dull your senses, confuse your mind, and produce irrational thoughts and behavior. Fear can cause us to say and do things we would never even consider under normal circumstances.

Fear takes on many forms. It can show up as a small dread or as a paralyzing and crip- pling force that renders us helpless mentally, physically, and spiritually. Whatever its manifestations, it's essential that we recog- nize that fear is a spiritual force that can negatively affect our lives and can only be conquered by a greater spiritual force-our faith in God.

Jesus frequently told people to "fear not." He recognized the devastating effect that fear can have on our faith. Fear can stop Fear may be your greatest enemy. It can steal your joy, rob your peace, and paralyze your faith. It can dull your senses, confuse your mind, and produce irrational thoughts and behavior. Fear can cause us to say and do things we would never even consider under normal circumstances.

Fear takes on many forms. It can show up as a small dread or as a paralyzing and crip- pling force that renders us helpless mentally, physically, and spiritually. Whatever its manifestations, it's essential that we recog- nize that fear is a spiritual force that can negatively affect our lives and can only be conquered by a greater spiritual force-our faith in God.

Jesus frequently told people to "fear not." He recognized the devastating effect that fear can have on our faith. Fear can stop

◆ 기도

주여! 두렵지 않게 나를 도와주소서. 왜냐하면 당신이 나와 함께 계시기 때문이나이다. 두려움을 일으키는 일을 계속 생각하는 것이 아니라 좋은 일을 계속 생각하는 법을 가르쳐 주소서. 두려움은 내 마음과 생각의 적이며 나는 두려움이 내 삶의 평화와 기쁨을 훔치게 하는 것을 거부하나이다.

나를 포로로 잡으려는 내 삶의 두려움에 맞설 용기와 힘을 주소서. 당신은 내가 곤경에 처했을 때 나와 함께 계시고 두려움이 내 마음을 사로잡을 때 나를 위로해 주시겠다고 나에게 확신을 주셨나이다.

나는 두려움 대신에 당신을 믿기로 했나이다. 당신은 나를 들어 올리시고 지탱해 주시나이다. 내게 당신의 평화와 지혜를 갖게 하소서. 내가 두려움으로 시험을 받을 때 당신께 눈을 돌리겠나이다. 당신은 나를 안전하고 능력 있게 하셔서 내 삶의 두려움으로부터 나를 자유하게 하셨나이다. 나는 두려움이 없나이다.

◈ Prayer

Lord, help me not to be afraid, because you are with me. Show me how to think on good things and not on things that will produce fear. Fear is an enemy of my heart and mind, and I refuse to let it steal the peace and joy in my life.

Give me courage and strength to face the fears in my life that try to hold me captive. You have assured me you would remain with me in times of trouble and comfort me when fear grips my heart.

I choose to trust in you instead of fear. You uphold me and sustain me. Let me have your peace and wisdom and when I am tempted to fear I will look to you. You have made me secure, capable and free from fear in my life. I am fearless.

◆ 성경

"두려워하지 말라 내가 너와 함께함이라 놀라지 말라 나는 네 하나님이 됨이라 내가 너를 굳세게 하리라 참으로 너를 도와주리라 참으로 나의 의로운 오른손으로 너를 붙들리라."

- 사 41:10

"내가 네게 명령한 것이 아니냐 강하고 담대하라 두려워하지 말며 놀라지 말라 네가 어디로 가든지 네 하나님 여호와가 너와 함께하느니라."

- 수 1:9

"여호와는 나의 빛이요 나의 구원이시니 내가 누구를 두려워하리요 여호와는 내 생명의 능력이시니 내가 누구를 무서워하리요."

- 시 27:1

"하나님이 우리에게 주신 것은 두려워하는 마음이 아니요 오직 능력과 사랑과 절제하는 마음이다."

- 딤후 1:7

◈ Scriptures

"So do not fear, for I am with you; do not be dismayed, for I am your God. I will strengthen you and help you; I will uphold you with my righteous right hand."

- ISAIAH 41:10 (NIV)

"Have not I commanded thee? Be strong and of a good courage; be not afraid, neither be thou dismayed: for the LORD thy God is with thee whithersoever thou goest."

- JOSHUA 1:9

"The LORD is my light and my salvation; whom shall I fear? the LORD is the strength of my life; of whom shall I be afraid?"

- PSALMS 27:1

"For God hath not given us the spirit of fear; but of power, and of love, and of a sound mind."

- 2 TIMOTHY 1:7

경기장

"중요한 것은 비평가가 아니다. 그는 강한 사람이 어떻게 넘어지고 어떻게 하면 더 잘할 수 있었는지 지적하는 사람도 아니다. 명예는 실제로 경기장에 있는 사람 즉 그의 얼굴이 먼지와 피와 땀으로 얼룩진 사람, 용감하게 노력하는 사람, 실수하는 사람, 몇 번이고 곤경에 처하는 사람의 것이다. 이는 실수와 결점이 없는 노력은 없기 때문이다. 하지만 실제로 그 일을 하기 위해 노력하는 사람, 위대한 열정과 위대한 헌신을 아는 사람, 가치 있는 일에 자신을 바치는 사람, 결국에는 높은 성취의 승리를 아는 사람, 가치 있는 목적에 몰두하는 사람, 최악의 경우 실패한다 해도 적어도 대담하게 실패하는 사람, 그의 자리는 결코 승패를 모르는 냉담하고 소심한 영혼과 함께 있지 않을 것이다."

– 데어도어 루즈벨트(Theodore Roosevelt)

The Arena

"It is not the critic who counts; not the man who points out how the strong man stumbles, or where the doer of deeds could have done them better. The credit belongs to the man who is actually in the arena, whose face is marred by dust and sweat and blood; who strives valiantly; who errs, who comes short again and again, because there is no effort without error and shortcoming; but who does actually strive to do the deeds; who knows great enthusiasms, the great devotions; who spends himself in a worthy cause; who at the best knows in the end the triumph of high achievement , and who at the worst , if he fails, at least fails while daring greatly, so that his place shall never be with those cold and timid souls who neither know victory nor defeat."

— THEODORE ROOSEVELT

"우울증은 당신이 고통받는 죄수이며 잔인한 간수가 있
는 감옥이다.

- 도로티 로우(Dorothy Rowe)

"Depression is a prison where you are both the suffering prisoner and the cruel jailer."

- DOROTHY ROWE

우울증

우울증은 당신의 적이다. 그것은 당신의 기쁨과 평화를 훔칠 수 있다. 그것은 당신의 삶의 모든 일에 그림자를 드리우는 구름이 될 수 있다. 우울증은 당신의 감각을 무디게 하고 어두운 여과기를 통해 당신의 삶의 모든 영역을 보게 한다. 그것은 오직 당신을 걱정과 두려움, 절망과 낙심의 길로 끌어내릴 수 있다.

어떤 사람들은 우울증이 우리 삶의 부정적인 사건이나 상황에 대한 자연스러운 반응이라고 말한다. 지금 당신의 삶에서 당장은 그렇게 보일지도 모르지만, 영원히 그렇게 될 필요는 없다! 당신은 당신이 우울하지 않도록 선택할 수 있다는 것을 알고 있는가? 당신은 우울증에서 벗어나 당신의 삶을 다시 통제할 수 있다. 어느 날은 "위에" 살고 다음 날에는 "아래에" 사는 대신 주님 안에서 기쁨을 찾으라. 환경과 상황이 당신의 기분을 좌우하게 하는 대신 믿음으로 사는 길을 선택하라!

낙심하고, 의기소침하고, 우울한 것은 하나님의 뜻이 아니다. 당신은 가장 어려운 상황 속에서도 즐거움을 선택할 수 있다. 우울증에 맞서 싸우라! 당신의 생각과 말로 우울증을 계속 공격하라! 당신은 무엇에 대해 감사하는가? 당신의 축복을 세어보라. 성경을 펴놓고 격려에 관한 구절을 찾아서 여러분의 삶에 대해 성경 말씀을 되뇌기 시작하라. 어떤 상황에 처하든 당신은 감사할 만한 일을 찾을 수 있다. 이것이 우울증의 감옥에서 빠져나오는 열쇠이다.

하나님은 당신을 사랑하시고 당신이 어떤 일을 겪고 있는지 알고 계신다. 그분은 당신을 돕기 원하신다. 기도로 그분께 나아가라. 그분께 당신의 염려를 쏟아 놓으라. 하나님은 당신을 돌보시고 당신이 행복하고 즐겁고 성취된 삶을 살기 원하시기 때문이다.

Depression

Depression is your enemy. It can steal your joy and peace. It can become a cloud that casts a shadow over everything in your life. Depression dulls your senses and causes you to view every area of life through a dark filter. It can take you down a road of despair and discouragement that only leads to worry, fear, and hopelessness.

Some say that depression is a natural response to adverse events or circumstances in our lives. Maybe it seems that way in your life right now, but it doesn't have to be that way forever! Did you know that you can choose not to be depressed? You can choose to take control of your life back from depres- sion. Find your joy in the Lord instead of living "up" one day and "down" the next. Choose to live by faith instead of letting the circumstances of life dictate how you feel.

It is not God's will for you to be discour- aged, down, and depressed. You can choose to be joyful even in the midst of the most difficult situations.

Fight back against depression! Go on the offensive with your thoughts and your words. What are you thankful for? Count your blessings. Go to the Bible and look up scriptures on encouragement and begin to speak them over your life. No matter what situation you find yourself in, you can find something to be thankful for. This is the key to the prison of depression.

God loves you, and He knows what you are going through. He wants to help you. Go to Him in prayer. Cast your cares on Him, because He cares for you and desires you to live a happy, joyous, and fulfilled life.

◈ 기도

주여! 우울증을 극복하도록 도와주소서. 산적해 있는 문제가 너무 많아서 상처가 너무 깊어서 실수를 많이 해서 당신이 그것을 못 고치는 분이 아니심을 너무나 잘 아나이다.

이 우울증을 극복할 용기와 힘을 주소서. 기쁨을 되찾고 당신을 신뢰하도록 도와주소서. 당신이 나를 돌보고 계시기 때문에 나는 나의 걱정과 염려를 당신께 쏟아 놓나이다. 나는 우울증이 내 인생을 통제하는 것을 거부하나이다.

두려움을 믿음으로 의심을 믿음으로 염려를 믿음으로 확신의 부족을 용기로 바꾸도록 도와주소서. 올바른 것을 생각하고 나의 문제가 아니라 당신께 초점을 맞추도록 도와주소서. 당신이 나의 삶에 베풀어 주신 모든 것에 감사하도록 도와주소서.

주여! 당신 안에서 용기를 갖도록 도와주소서. 당신의 기쁨이 나의 기쁨이 되고 당신의 평화가 내 영혼을 가득 채우

게 하소서. 당신의 은혜와 자비로 위로하시고 나를 지탱하게
하소서.

◆ Prayer

Lord, help me to overcome depression. I know there is no problem too big, no hurt too deep and no mistake so bad that you cannot provide power, strength and wisdom to over- come it.

Give me courage and strength to conquer this de-pression. Restore my joy and help me to trust you. I cast my cares and worries on you because you care for me. I refuse to let depression control my life.

Help me to replace my fears with faith, my doubts with belief, my worries with trust and my lack of con-fidence with courage. Show me how to think the right things and to focus on you and not on my problems. Help me to be thankful for all the things you have provided in my life.

Lord, help me to encourage myself in you. Let your joy be my strength and your peace fill my soul. Let your grace and mercy comfort and sustain me.

"내 영혼아 네가 어찌하여 낙심하며 어찌하여 내 속에서 불안해 하는가 너는 하나님께 소망을 두라 나는 그가 나타나 도우심으로 말미암아 내 하나님을 여전히 찬송하리로다."

- 시 42:11

"내가 여호와를 기다리고 기다렸더니 귀를 기울이사 나의 부르짖음을 들으셨도다 나를 기가 막힐 웅덩이와 수렁에서 끌어올리시고 내 발을 반석 위에 두사 내 걸음을 견고하게 하셨도다 새 노래 곧 우리 하나님께 올릴 찬송을 내 입에 두셨으니 많은 사람이 보고 두려워하여 여호와를 의지하리로다."

- 시 40:1~3

"사랑하는 자들아 너희를 연단하려고 오는 불 시험을 이상한 일 당하는 것 같이 이상히 여기지 말고 오히려 너희가 그리스도의 고난에 참여하는 것으로 즐거워하라 이는 그의 영광을 나타내실 때에 너희로 즐거워하고 기뻐하게 하려 함이라."

- 벧전 4:12,13

◈ Scriptures

"Why am I discouraged? Why is my heart so sad? I will put my hope in God! I will praise him again-my Savior and my God!"

- PSALM 42:11 (NLT)

"I waited patiently for the LORD; he inclined to me and heard my cry. He drew me up from the pit of destruction, out of the miry bog, and set my feet upon a rock, making my steps secure. He put a new song in my mouth, a song of praise to our God. Many will see and fear, and put their trust in the LORD."

- PSALMS 40:1-3 (ESV)

"Friends, when life gets really difficult, don't jump to the conclusion that God isn't on the job. Instead, be glad that you are in the very thick of what Christ experienced. This is a spiritual refining process, with glory just around the corner."

- 1 PETER 4:12-13 (MSG)

포기하지 말라

"때로 그것들이 그렇듯이 일이 잘못될 때, 당신이 터벅터벅 걷는 길이 모두 오르막길로 보일 때, 자금이 부족하고 부채가 많을 때, 더구나 당신이 웃고 싶지만 한숨을 쉬어야 할 때, 그만두지 말라. 모든 것이 당신을 압박하고 있을 때, 꼭 그래야 한다면 좀 쉬어라. 하지만 성공이 실패를 뒤집어 놓을 때까지 중단하지 말라. 은빛이 의심의 구름을 흐릿하게 한다. 따라서 당신은 당신이 얼마나 가까이 있는지 결코 알 수 없다. 그것이 멀리 보일 때, 그것이 가까이에 있을 수 있다. 그러므로 당신이 가장 큰 타격을 받을 때, 끝까지 싸워라. 일이 잘못될 때, 당신이 포기하지 말아야 한다는 것이다."

- 존 그린레아프 위티어(John Greenleaf Whittier)

Don't Quit

"When things go wrong, as they sometimes will;
When the road you're trudging seems all uphill;
When the funds are low and the debts are high;
And you want to smile but you have to sigh.
When all is pressing you down a bit- Rest if you
must , but don't you quit Success is failure turned
inside out; The silver tint on the clouds of doubt;
And you can never tell how close you are; It may
be near when it seems far.
So stick to the fight when you're hardest hit - It's
when things go wrong that you must not quit."

- JOHN GREENLEAF WHITTIER

"주여! 우리가 어려움 없는 삶을 갈망할 때, 참나무는 역풍을 타고 강하게 자라고 다이아몬드는 압력을 받아 만들어진다는 것을 상기시켜 주소서."

-피터 마샬(Peter Marshall)

"Lord, when we long for life without difficulties, remind us that oaks grow strong in contrary winds and diamonds are made under pressure."

– PETER MARSHALL

압박감

우리 모두는 삶에서 다양한 압박감을 처리해야 한다. 행동해야 한다는 압박, 이행해야 한다는 압박, 순응해야 한다는 압박, 두드러져야 한다는 압박, 진척시켜야 한다는 압박감 등 심지어 우리가 모르는 사람들에게 깊은 인상을 주거나 문제 있는 결혼을 바로잡거나 반항적인 십대를 구하기 위해 필요하지 않은 것들을 사야 한다는 압박감을 느낄 수도 있다. 하지만 압박감이 계속되면 그것은 우리가 분명하게 생각하지 못하도록 우리의 주의를 흩뜨릴 수 있다. 우리가 압박을 받을 때 좋은 결정이나 현명한 선택을 하는 경우는 거의 없다. 사실 당신이 급하게 결정을 내려야 한다는 압박감을 느낄 때 자신의 선택을 좀 더 자세히 분석하기 위해서 돌아가 멈추고 시간을 내야 할 바로 그 순간이다.

만약 우리가 그것을 허락한다면 삶의 압력이 우리를 압도할 수 있다. 따라서 비결은 그것을 그대로 두지 말라는 것이다! 당신이 어떤 상황의 압력을 느끼기 시작할 때 하나님과 그분의 말씀으로 향하라. 주님은 우리가 그분께 구하기만 하면 우리에게 지혜를 주시겠다고 약속하셨다.

압력을 거절하고 그 대신 여러분이 직면하고 있는 어떤 상황에 대해 주님께 지혜와 인도하심을 구하는 기도를 하면서 시간을 보내라. 보다 객관적인 시각을 가진 신뢰할 수 있는 친구로부터 자문을 얻는 것도 좋은 생각일 수 있다.

성경은 당신에게 우리의 염려를 하나님께 쏟아 놓고 그분을 신뢰하라고 말씀하신다. 이는 그분이 당신을 돌보시기 때문이다. 그분은 적이 악을 꾀하는 것을 선으로 바꾸실 것이다. 모든 시험과 압력으로부터 하나님은 구원과 벗어나는 길을 약속하셨다. 삶의 압박이 당신의 기쁨과 평화를 빼앗지 않도록 물리치라.

Pressure

We all have to deal with various pres- sures in our lives: pressure to act, to perform, to conform, to stand out, or to advance. We can even feel pressured to buy things we don't need to impress people we don't know or to fix a troubled marriage or rescue a rebellious teen.

But when the pressure is on, it can distract us so that we don't think clearly. Seldom do we make good decisions or wise choices when we are under pressure. In fact, when you feel the pressure that you have to make a rush decision, that's the very moment when you should back up, take a breath, and make yourself take some time to analyze your choices more closely.

The pressures of life can overwhelm us if we let them. So the key is-don't let them! When you start to feel the pressure of a situation, turn to God and His

Word. The Lord has promised that He will give us wisdom if we will just ask Him.

Refuse to give in to pressure, and instead spend some time in prayer, asking the Lord for wisdom and guidance concerning what- ever situation you are facing. It might also be a good idea to get some input from a trusted friend who might have a more objective perspective.

The Bible tells you to cast our cares on God, to trust Him, because He cares for you. He will take what the enemy has meant for evil and turn it into good. With every tempta- tion and pressure, God has promised relief and a way of escape. Refuse to let the pressures of life steal your joy and peace.

◈ 기도

주여! 압박을 받는 상황에 직면했을 때 침착하게 평안을 유지할 수 있도록 도와주소서. 분별이 없거나 성급한 결정을 강요당하지 않도록 도와주소서. 실제로 내가 올바른 행동 방향이 무엇인지 확신하기 전에 행동하라는 압력에 굴복하지 않는 방법을 보여 주소서. 순간적인 압력이 내가 후회할 불행한 결정으로 밀어 넣지 않도록 도와주소서. 내게 유용한 선택을 적절히 구별할 수 있는 지혜와 명료한 생각을 주소서. 내 주변의 상황에 동요하거나 방해를 받거나 또는 겁먹지 않게 하소서. 내가 역경 속에서도 침착함을 유지할 수 있도록 당신의 평안을 주소서. 내 앞에 놓인 선택에 관한 당신의 지침과 지도를 구하나이다. 주여 나는 당신을 믿고 당신의 결정을 따르겠나이다. 아멘.

◆ Prayer

Lord, please help me to stay calm and maintain my peace when faced with pres- sured situations. Help me not to feel forced into making rash or hasty decisions. Show me how to not give in to the pressure to act before I am confident what the correct course of action actually is. Help me not to let the pressure of the moment force me into making an ill-fated decision that I will regret. Give me wisdom and clarity of thought to properly discern the choices available to me. Let me not to be agitated, disturbed or intimidated by the circum- stances around me. Grant me your peace so that I may maintain calmness in the midst of adversity. I ask you for your guidance and direction concerning the choices before me. Lord I trust you and will follow your direction.

◈ 성경

"우리가 사방으로 욱여쌈을 당하여도 싸이지 아니하며 답답한 일을 당하여도 낙심하지 아니하며 박해를 받아도 버린 바 되지 아니하며 거꾸러뜨림을 당하여도 망하지 아니한다."

- 고후 4:8,9

"내 형제들아 너희가 여러 가지 시험을 당하거든 온전히 기쁘게 여기라 이는 너희 믿음의 시련이 인내를 만들어 내는 줄 너희가 앎이라 인내를 온전히 이루라 이는 너희로 온전하고 구비하여 조금도 부족함이 없게 하려 함이라."

- 약 1:2~4

"우리가 알거니와 하나님을 사랑하는 자 곧 그의 뜻대로 부르심을 입은 자들에게는 모든 것이 합력하여 선을 이루느니라."

- 롬 8:28

◆ Scriptures

"We are hard pressed on every side, but not crushed; perplexed, but not in despair; persecuted, but not abandoned; struck down, but not destroyed."

- 2 CORINTHIANS 4:8-9 (NIV)

"Consider it a sheer gift, friends, when tests and challenges come at you from all sides. You know that under pressure, your faith-life is forced into the open and shows its true colors. So don't try to get out of anything prematurely. Let it do its work so you become mature and well-developed, not deficient in any way."

- JAMES 1:2-4 (MSG)

"And we know that all things work together for good to them that love God, to them who are the called according to His purpose."

- ROMANS 8:28

"우리가 사방으로 욱여쌈을 당하여도 싸이지 아니하며 답답한 일을 당하여도 낙심하지 아니하며 박해를 받아도 버린 바 되지 아니하며 거꾸러뜨림을 당하여도 망하지 아니하느니라."

-고후 4:8,9

"We are hedged in (pressed) on every side [troubled and oppressed in every way], but not cramped or crushed; we suffer embarrassments and are perplexed and unable to find a way out, but not driven to despair; We are pursued (persecuted and hard driven), but not deserted [to stand alone]; we are struck down to the ground, but never struck out and destroyed;"

- 2 CORINTHIANS 4:8-9 AMP

"한 문이 닫히면 다른 문이 열린다. 우리는 종종 닫힌 문을 너무 오래 너무 안타깝게 바라보기 때문에 우리를 위해 열린 문을 보지 못한다."

- 알렉산더 그레이엄 벨(Alexander Graham Bell)

"When one door closes, another opens; but we often look so long and so regretfully upon the closed door that we do not see the one which has opened for us."

- ALEXANDER GRAHAM BELL

후회

우리 모두는 후회한다. 이 땅에서 영구히 후회 없이 사는 것은 사실상 불가능하다. 비결은 후회가 당신을 사로잡지 못하게 하는 것이다. 조심하지 않으면 후회가 당신을 지배할 수 있기 때문이다. 어쩌면 당신의 실수가 너무 커서 하나님의 도우심을 받을 자격이 없다고 느낄지도 모른다. 실수가 많은 것을 환영하라! 우리 중 누구도 그럴 자격이 없지만 그분의 은혜로 하나님은 실수를 성장의 발판으로 삼게 하시는 분이시다. 어쩌면 당신은 부끄럽고 절망적인 기분을 느끼게 하는 일을 했을지도 모른다. 부끄러움을 느끼게 하는 과거의 죄 또는 부적절하다고 느끼게 하는 실패가 뇌리를 떠나지 않을 수 있다. 당신이 가지고 있는 후회가 무엇이든 그것들은 당신의 미래에 이르는 길에 빗장을 질러 잠근다. 하나님을 향해 나아가기를 원할 때마다 후회가 당신의 길에 서서 당신을 비웃을 수 있다.

우리 모두는 선택이 모자랐고 실수를 저질렀다. 우리는 모두 죄를 지었고 엉망이 되었다. 하지만 이제 다시 일어나서 자신을 씻어야 할 때다. 하나님은 당신의 과거와 실수 그리고 실패를 전혀 마음에 품지 않으신다! 당신이 하나님께 용서를 구하면 그분은 당신의 죄를 망각의 바다에 던지시고 더 이상 기억하지 않으신다. 당신도 이제 하나님처럼 해야 할 때다! 만약 하나님이 당신을 용서하셨다면, 당신은 지금이 자신을 용서할 때라고 생각해야 하지 않겠는가?

과거로부터 배우기 위해 최선을 다하되 과거의 후회로 인해 미래를 위한 당신의 꿈을 추구하지 못하게 해서는 안 된다. 하나님의 도움으로 당신은 당신의 실수를 극복할 수 있다. 현실을 직시하자. 실수, 실패, 잘못은 당신의 삶의 일부분이다. 그러나 후회할 필요는 없다. 당신은 그리스도 예수님을 통해서 하나님께서 의인으로 인정하셨다. 그러므로 다시 서야 한다!

Regret

We all have regrets. It is practically impossible to live on this earth for any length of time and have no regrets. The trick is to not let regrets have you, because if you are not careful, regret can control you.

Maybe you feel your mistakes have been so big that you don't deserve God's help. Welcome to the crowd! None of us deserve it, but by His grace, God has made it avail- able to us. Maybe you've done things that have left you feeling ashamed and hopeless. Past sins that make you feel unworthy or fail- ures that make you feel inadequate can hang over your head. Whatever regrets you have, they bar the doorway of your future. Whenever you want to step out for God, regret can stand in your way, laughing at you.

We've all fallen short with our choices and made mistakes. We've all sinned and messed up. But it's time to get back up and brush yourself off.

God does not hold any of your past mistakes and failures against you! When you ask God to forgive you, He throws your sins in the sea of forgetfulness and remembers them no more. It's time for you to do the same! If He has forgiven you, don't you think it's time to forgive yourself?

Do your best to learn from the past, but never let the regrets of the past keep you from pursuing your dreams for the future. With God's help, you can rise above your mistakes. Let's face it-mistakes, failures, and missteps are a part of life. But regret doesn't have to be. You are the righteousness of God through Christ Jesus, so it is time to rise again!

◈ 기도

주여! 제가 저지른 실수에 대해 염려하거나 좌절하거나 걱정하지 않도록 도와주소서. 나의 과거의 모든 염려와 걱정을 당신께 쏟아 놓나이다. 나는 과거를 잊고 내일을 바라보나이다. 당신의 평화가 내 마음과 삶과 가정에 머무르게 하소서. 오늘은 나에게 후회하지 않는 새로운 날이나이다. 내가 과거에 아무리 많이 넘어졌든 나는 당신 안에서 생기 있게 새로 시작할 수 있나이다. 아무리 많은 후회를 해도 과거를 바꿀 수 없다는 것을 아나이다. 그러나 나는 당신이 내가 잃어버린 어떤 것도 회복시키실 수 있다는 분임을 알고 있나이다. 나는 당신께 나의 실수와 실패를 속량(贖良)해 주시고 내가 당신의 용서를 받아들이도록 도와주시기를 요청하나이다. 나는 당신이 내 삶에서 당신의 계획과 목적을 성취케 하실 것을 믿나이다. 주여! 주님이 저를 위해 밝은 미래를 계획해 주셔서 감사하나이다.

◆ Prayer

Dear Lord, help me not to worry or have any frustration or anxiety about the mistakes I have made. I cast all the cares and concerns of my past upon You. I forget the past and look toward tomorrow. Let Your peace reside in my heart, in my life and in my home. Today is a new day for me, with no regrets. No matter how many times I stumbled in the past, I can start fresh and new in You.

I recognize that no amount of regret can change the past, but I know that You can restore anything that I have lost. I ask You to redeem my mistakes and failures and help me to receive Your forgiveness.

I trust You to fulfill Your plans and purposes in my life. Lord, I thank You that You have a bright future planned for me.

"형제들아 나는 아직 내가 잡은 줄로 여기지 아니하고 오직 한 일 즉 뒤에 있는 것은 잊어버리고 앞에 있는 것을 잡으려고 하노라."

-빌 3:13

"만일 우리가 우리 죄를 자백하면 그는 미쁘시고 의로우사 우리 죄를 사하시며 우리를 모든 불의에서 깨끗하게 하실 것이요."

- 요1서 1:9

"주와 같은 신이 어디 있으리이까 주께서는 죄악과 그 기업에 남은 자의 허물을 사유하시며 인애를 기뻐하시므로 진노를 오래 품지 아니하시나이다 다시 우리를 불쌍히 여기셔서 우리의 죄악을 발로 밟으시고 우리의 모든 죄를 깊은 바다에 던지시리이다."

- 미 7:18,19

Brethren, I count not myself to have apprehended: but this one thing I do, forgetting those things which are behind, and reaching forth unto those things which are before.

– PHILIPPIANS 3:13

If we confess our sins, He is faithful and just to forgive us our sins and to cleanse us from all unrighteousness.

– 1 JOHN 1:9

"Where is the god who can compare with you-wiping the slate clean of guilt, Turning a blind eye, a deaf ear, to the past sins of your purged and precious people? You don't nurse your anger and don't stay angry long, for mercy is your specialty. That's what you love most. And compassion is on its way to us. You'll stamp out our wrong doing. You'll sink our sins to the bottom of the ocean. You'll stay true to your word…

– MICAH 18-20 (MSG)

해방

목적이 의심스럽고 당신이 능력이 없을 때 들판의 한 가닥의 풀잎처럼 당신의 힘은 쇠퇴한다. 너무나 공허하게 느껴져서 천장을 바라보며 감정 없이 울부짖을 때, 약속된 변화의 원(圓) 안에 갇혀서 당신이 후회의 송곳니에 중독된 것을 깨달을 때 당신은 사랑의 순수한 눈물을 자극할 무언가를 들어야 할 필요가 있다. 그렇게 멀리 도망치려 하지 말라. 당신은 당신이 생각하는 것보다 더 잘하고 있다. 예수님은 당신에 대한 그분의 깊은 사랑 때문에 오셨다. 당신은 당신이 생각하는 것보다 오히려 더 중요하다. 이것저것을 하려고 애쓰지 말라. 그냥 그분의 것이 되어라. 그것이 당신이 생각하는 것보다 당신을 위한 것이다.

- 제이크 프로방스(Jake Provance)
스티븐 퍼틱크(Steven FurticK) 설교에 영감을 받은
"당신이 들어본 적이 없는 가장 고무적인 메시지."에서

Liberation

When purpose feels questionable, And you aren't capable, Your strength fades As you waver like the field's blades,

Feeling so much to be void of feeling , Crying tearless staring at the ceiling, Trapped in a circle of promised change, While realizing you're poisoned by regret's fang,

There is something you need to hear Something to spark love's pure tear Stop trying to run so far, You're doing better than you think you are,

Jesus came because of His deep love for you. You matter more than you think you do, Stop trying to be this and that , just be His It's less about you than you think it is

- JAKE PROVANCE
INSPIRED BY THE STEVEN FURTICK SERMON "THE MOST ENCOURAGING MESSAGE YOU'VE NEVER HEARD"

"당신이 외부적인 것에 스트레스를 받는다면, 고통은 그 일 자체 때문이 아니라 그것에 대한 당신의 추정 때문이 다. 당신은 이것을 언제라도 철회할 수 있는 힘이 있다."

- 마르쿠스 아우렐리우스(Marcus Aurelius)

"If you are stressed by anything external, the pain is not due to the thing itself, but to your estimate of it; and this you have the power to revoke at any moment"

– MARCUS AURELIUS

스트레스

요즘 같은 시대에 우리는 스트레스에 낯선 사람들이 아니다. 우리의 문제와 생활 전반에 따른 정신적 긴장과 걱정은 일상의 특징이 될 수 있다. 스트레스는 암을 유발하고 뇌를 수축시키고 조기 노화를 시키고 실제적으로 우울증으로 이끌 수 있다. 당신의 면역 체계를 약화시키고 뇌졸중과 심장마비의 위험을 증가시킨다. 요컨대 스트레스가 우리를 죽이고 있다!

그런데 우리에게 스트레스를 주는 것은 단지 우리 삶의 큰 사건들만이 아니다. 그것은 우리가 매일 겪는 고역이다. 우리는 지나치게 바쁜 일정을 갖는 것이 일반적인 급변하는 사회 속에서 살고 있다. 매일 매일 우리는 직업, 친구, 취미 및 가족을 위해 자신을 희생한다. 여러분은 아마도 일을 하고 학교에 가려고 하는 학생일 수도 있고 가족을 부양하기 위해 두 가지 일을 하려고 하는 아빠일 수도 있고 집을 청소하고 아이들을 학교에 데리고 가는 가정 주부일 수도 있다. 만약 스트레스가 여러분을 천천히 죽게 한다면 이제 브레이크를 밟아야 할 때이다.

스트레스로 가득 찬 삶을 사는 것은 하나님의 뜻이 아니다. 성경은 우리가 우리의 삶에서 평안을 유지할 수 있다고 말씀한다. 그러면 우리는 스트레스 사이클을 깨기 위해 무엇을 해야 할까? 단지 아침의 경건의 시간과 몇 분간의 기도로 하루를 시작하는 것이 스트레스 없는 날을 위한 분위기를 만들 수 있다. 종일 찬양을 듣고 성경을 묵상하는 것은 당신으로 하여금 온전한 정신을 유지하고 평화로운 정신을 유지하도록 도울 수 있다. 당신의 마음에 하나님의 평화와 기쁨이 우러나는 하루를 시작하라. 그것이 당신이 잠재적으로 스트레스를 받을 수 있는 상황들을 편안하고 은혜로 항해하는 데 도움이 될 것이다.

Stress

In this day and age, we are no strangers to stress. Mental tension and worry caused by our problems-and life in general-can be a hallmark of daily life. Stress can fuel cancer, shrink the brain, age you prema- turely, lead to clinical depression, weaken your immune system, and increase the risk of stroke and heart attack. In short, stress is killing us!

And it's not just the big events in our lives that cause us stress. It's the day-to-day grind we put ourselves through. We live in a fast-paced society where it's common to have an overly-busy schedule. Day in and day out, we sacrifice ourselves for our job, our friends, our hobbies, and our family. You may be a student trying to work and go to school, a dad trying to work two jobs to provide for your family, or a stay-at-home mom cleaning the house and taking the kids to school and practices-if stress is killing you slowly, it's time to put on the brakes.

It's not God's will for you to live a life full of stress. The Bible tell us that we can maintain a sense of peace in our lives. So what do we do to break the stress cycle?

Simply starting your day with a morning devotional and a few minutes of prayer can set the tone for a stress-free day. Listening to worship music and meditating on scrip- tures throughout the day can help you keep your sanity and maintain a peaceful spirit. Try embarking on your day infused with the peace and joy of God in your heart. It will help you to sail right through those potentially stressful situations with ease and grace.

◈ 기도

주여! 스트레스로부터 자유롭게 살 수 있도록 도와주소서. 당신의 평안을 내게 채워 주소서. 내 삶의 상황이 다른 어떤 것도 듣기 어려울 정도로 비명을 지르고 있나이다. 어떻게 당신을 믿고 침착해야 하는지를 보여 주소서. 내가 혼란과 동요를 넘어 당신의 임재 안에 있는 완벽한 평안의 장소로 올라가게 해주소서.

믿음으로 당신의 말씀에 순종하면서 나는 모든 나의 걱정과 불안과 나의 모든 스트레스를 당신께 쏟아 붓나이다. 나는 그 대가로 당신의 평안을 얻나이다. 당신과 당신의 말씀에 집중하고 어떤 식으로든 스트레스가 내 삶에 영향을 미치는 것을 허락하지 않게 도와주소서. 이 세상의 근심이 좌절이나 압박을 일으키지 않도록 침착한 정신과 영적인 힘을 키우는 방법을 보여 주소서.

나는 당신을 예배하고 당신을 찬양하기로 결심하나이다. 나는 내가 어떤 일을 겪든 감사한 마음을 가지려고 결심하나이다. 당신의 도움과 인도하심으로 나는 내가 스트레스 없는 삶을 살 수 있다는 것을 확신하나이다. 아멘.

◆ Prayer

Lord, help me to live free from stress. Fill me with your peace. Show me how to trust you and be calm, even when the circum- stances of my life are scream- ing so loudly that it's difficult to hear anything else. Let me rise above turmoil and agitation to a place of perfect peace in your presence.

By faith, and in obedience to your Word, I cast all my cares, all my anxieties and all my stress on you. I receive your peace in exchange. Help me to focus on you and your Word and not allow stress to affect my life in any way. Show me how to develop a calm spirit and the spiritual strength to not let the cares of this world cause frustration or pres- sure in my life.

I choose to worship you and praise you. I purpose to have a grateful heart, no matter what I am going through. With your help and guidance, I am confident that I can live a stress-free life.

"평안을 너희에게 끼치노니 곧 나의 평안을 너희에게 주노라
내가 너희에게 주는 것은 세상이 주는 것과 같지 아니하니라
너희는 마음에 근심하지도 말고 두려워하지도 말라."

-요 14:27

"수고하고 무거운 짐 진 자들아 다 내게로 오라 내가 너희를
쉬게 하리라."

-마 11:28

"이것을 너희에게 이르는 것은 너희로 내 안에서 평안을 누리
게 하려 함이라 세상에서는 너희가 환난을 당하나 담대하라
내가 세상을 이기었노라."

-요 16:33

"집을 짓되 깊이 파고 주추를 반석 위에 놓은 사람과 같으니 큰 물이 나서 탁류가 그 집에 부딪치되 잘 지었기 때문에 능히 요동하지 못하게 하였거니와."

- 눅 6:48

◆ Scriptures

"Peace I leave with you, my peace I give unto you: not as the world giveth, give I unto you. Let not your heart be troubled, neither let it be afraid."

- JOHN 14:27

"Come unto me, all ye that labour and are heavy laden, and I will give you rest."

- MATTHEW 11:28

"These things I have spoken unto you, that in me ye might have peace. In the world ye shall have tribulation: but be of good cheer; I have overcome the world."

- JOHN 16:33

"If you work the words into your life, you are like a smart carpenter who dug deep and laid the foundation of his house on bedrock. When the river burst its banks and crashed against the house, nothing could shake it; it was built to last."

- LUKE 6:48 (MSG)

"수고하고 무거운 짐 진 자들아 다 내게로 오라 내가 너희를 쉬게 하리라 나는 마음이 온유하고 겸손하니 나의 멍에를 메고 내게 배우라 그리하면 너희 마음이 쉼을 얻으리니 이는 내 멍에는 쉽고 내 짐은 가벼움이라 하시니라."

- 마 11:28-30

"Are you tired? Worn out? Burned out on religion? Come to me. Get away with me and you'll recover your life. I'll show you how to take a real rest. Walk with me and work with me - watch how I do it. Learn the unforced rhythms of grace. I won't lay anything heavy or ill-fitting on you. Keep company with me and you'll learn to live freely and lightly.

- MATTHEW 11:28-30 MSG

"우리의 피로는 흔히 일이 아니라 걱정, 좌절 그리고 원망 때문에 생긴다."

- 데일 카네기(Dail Carnegie)

"Our fatigue is often caused not by work, but by worry, frustration and resentment."

– DALE CARNEGIE

좌절

삶은 매일 사소한 짜증과 좌절로 가득 차 있다. 예의범절을 모르는 운전자들, 당신의 주문을 제대로 받지 못하는 즉석식품 점원들, 급할 때 끝없이 빨간 불이 켜지는 신호등, "10개 품목 이하" 계산대에 45개를 가져오는 얼빠진 쇼핑객들 등등.

어쩌면 당신은 마치 장래성이 없는 직업에 매달리는 느낌과 반항적인 십대에게 접근하고 있는 느낌과 같은 더 높은 단계의 좌절감에 직면할지도 모른다. 아마도 당신은 살을 빼거나 운동 계획을 지속할 수 없을 것 같아서 좌절하고 있을 것이다. 어쩌면 당신은 배우자나 자녀와 함께 친밀하고 의미있는 시간을 보낼 기회를 찾을 수 없다거나 당신이 원하는 영적 수준에 이르지 못했다고 생각할 수도 있다. 근원이 무엇이든, 좌절은 당신을 동요시키고 속상하게 하고, 찾아오는 즐거움도 없앨 수 있다.

성경은 좌절이 당신의 삶에 침투하는 것을 막는 훌륭한 무기를 가지고 있다. 그것은 감사하는 태도를 유지하고 감사하는 삶의 방식을 길러준다. 좌절하기 시작하는 자신을 발견하면, "나는 좌절하기를 거부한다. 나는 감사할 것이 많다."라고 큰 소리로 말하기 시작하라. 그리고 나서 당신이 큰 소리로 감사하는 몇 가지의 말을 하기 시작하라. 당신의 좌절은 8월의 뜨거운 태양 아래 있는 눈덩이처럼 녹아 없어지기 시작할 것이다. 해결해야 할 문제가 있다면, 하나님께 도움을 청하라. 하나님은 구하는 자에게 지혜를 주시겠다고 말씀하셨다(참조 약 1:5). 사소한 좌절이 당신에게 영향을 미치거나 기쁨을 훔치는 것을 거부하라. 대신 하나님께 감사와 찬양을 드리며 그분의 임재 안으로 들어가라!

Frustration

Life is full of little daily annoyances and frustrations. There are inconsiderate drivers, fast food drive-through clerks who never get your order right, an endless series of red lights when you're in a hurry, the clueless shopper who takes 45 things to the "10 items or less" checkout register, and on and on.

Maybe you face frustration on a higher level-like feeling as though you're stuck in a dead-end job, or trying to get through to a rebellious teen. Perhaps you're frustrated with yourself because you just can't seem to lose weight or stick with that exercise plan. Maybe you can't find the opportunity to spend quality time with your spouse or kids or you feel you are not on the spiritual level you desire. Whatever the source, frustration can keep you agitated, upset, and just no fun to be around.

The Bible has an excellent weapon to keep frustrations from infiltrating your life. It is maintaining an attitude of gratitude and cultivating a lifestyle of thanksgiving. When you catch yourself starting to get frustrated, start saying out loud, "I refuse to get frustrated, I have a lot to be thankful for." Then begin to say some of the things you are thankful for out loud. Your frustration will start to melt away like a snowball in the hot August sun. If it's a problem that needs to be solved, then ask for God's help. He said He would give wisdom to anyone who would ask (see James 1:5).

Refuse to let petty frustrations affect you or steal your joy. Instead, enter into God's presence by giving thanks and praising Him!

◆ 기도

주 예수님! 좌절이 내 삶에 스트레스와 걱정을 일으키지 않도록 도와주소서. 나 자신과 다른 사람들에게 인내하게 하소서.

삶이 눈코 뜰 새 없이 바쁠 때, 좌절이 내 평화를 빼앗아가지 않도록 하는 방법을 보여 주소서. 주여! 내 주변의 환경이 완벽하지 않더라도 평화로운 마음과 너그러운 태도를 유지할 수 있도록 도와주소서.

내 삶이 도전과 장애물에 직면했을 때, 결연한 각오로 그들과 단호하게 맞설 수 있도록 도와주소서. 당신이 어떤 상황에서도 극복할 힘을 내게 주시겠다고 약속하셨다는 것을 알고, 자신감을 가지고 계속 밀어붙일 수 있도록 능력을 주소서. 일이 기대하는 대로 되지 않을 때, 나는 침착하게 당신을 믿고 좌절에 굴복하지 않게 하소서.

내게 명석한 생각, 정신 집중력, 이해력을 주소서. 내게 삶

의 폭풍우를 헤쳐 나가 완전한 승리의 자리에 도달하는 방법
에 대한 지혜와 지침을 주소서. 나는 불안하거나, 혼란스럽거
나 좌절하지 않을 것이나이다. 대신, 당신의 평화가 내 삶을
지배할 것이나이다.

◆ Prayer

Lord Jesus, help me not to let frustration produce stress and anxiety in my life. Let me be patient with myself and with others. When life is hectic and demanding , show me how to not let frustration rob my peace and steal my joy. Lord, help me to maintain a peaceful spirit and a good attitude even though the circumstances around me are not ideal.

When faced with challenges and obsta- cles in my life, help me face them with a resolute determination. Empower me to press on with confidence, knowing you have promised to give me strength to overcome any situation. When things don't go as expected, let me remain calm, trusting you and not giving in to frustration.

Grant me clarity of thought, mental focus and comprehension. Give me wisdom and guidance on how to navigate through the storms of life and arrive at a place of complete victory. I will not be unsettled, distraught or frustrated. Instead, your peace will rule in my life.

"내 사랑하는 형제들아 너희가 알지니 사람마다 듣기는 속히 하고 말하기는 더디 하며 성내기도 더디 하라."

- 약 1:19

"우리가 선을 행하되 낙심하지 말지니 포기하지 아니하면 때 가 이르매 거두리라."

- 갈 6:9

"여호와께서 너희를 위하여 싸우시리니 너희는 가만히 있을 지니라."

- 출 14:14

"또 여호와를 기뻐하라 그가 네 마음의 소원을 네게 이루어 주시리로다."

- 시 37:4

"생각하건대 현재의 고난은 장차 우리에게 나타날 영광과 비교할 수 없도다."

-롬 8:18

◈ Scriptures

"Understand this, my dear brothers and sisters: You must all be quick to listen, slow to speak, and slow to get angry."

— JAMES 1:19 (NLT)

"Let us not lose heart in doing good, for in due time we will reap if we do not grow weary."

— GALATIANS 6:9 (NASB)

"The LORD shall fight for you, and ye shall hold your peace."

— EXODUS 14:14

"Delight thyself also in the LORD: and he shall give thee the desires of thine heart."

— PSALM 37:4

"For I reckon that the sufferings of this present time are not worthy to be compared with the glory which shall be revealed in us."

- ROMANS 8:18

"우리의 가장 큰 약점은 포기하는 것이다. 성공하는 가
장 확실한 방법은 언제나 한 번 더 시도해 보는 것이다."

- 토마스 에디슨(Thomas Edison)

"Our Greatest weakness lies in giving up. The most certain way to succeed is always to try just one more time"

- THOMAS EDISON

"매일 끝내고 끝내라. 당신은 당신이 할 수 있는 일을 했다. 다소의 큰 실수와 불합리한 것들은 아마 몰래 들어왔을 것이다. 당신이 가능한 그것들을 빨리 잊어버려라. 내일은 새로운 날이다. 당신은 당신의 옛 무의미한 생각에 얽매이지 않을 만큼 차분하고 고귀한 정신으로 일을 시작하게 될 것이다."

- 랠프 왈도 에머슨(Ralph Waldo Emerson)

"Finish each day and be done with it. You have done what you could.

Some blunders and absurdities no doubt crept in; forget them as soon as you can. Tomorrow is a new day. You shall begin it serenely and with too high a spirit to be encumbered with your old nonsense."

- RALPH WALDO EMERSON

자기비판

흔히 우리는 우리 자신의 최악의 적일 수 있다. 우리는 우리 자신에 대한 비현실적인 기대를 세우고, 그것에 부응하지 못할 때 우리 자신에 대해 비판한다. 그러나 자기비판은 하나님이 우리 삶에서 성취하고자 하시는 것을 훼손시킬 수 있는 파괴적인 과정이다. 이제 하나님의 각본 책에서 한 페이지를 빌려서 자신에게 다소의 은총을 베풀 때이다. 우리 모두 진행 중인 일이다. 우리 모두는 실수를 하고, 우리 모두는 공을 떨어뜨리고, 그리고 우리는 모두 부족하다. 그러면 어떻게 해야 하는가? 당신이 표적을 놓칠 때 일어나 먼지를 털고 다시 경기에 임하라.

그렇다고 해서 항상 개선의 여지가 있다는 사실을 가볍게 여기지 않는 것은 아니다. 그렇다. 우리는 우리 자신의 삶을 평가하는 습관을 가져야 한다. 모든 사람들은 더 성취되고 생산적인 삶을 살기 위해 때때로 조정을 해야 하지만, 자기 평가와 자기비판에는 큰 차이가 있다. 자기 평가는 개선해야 할 영역을 인식하는데 도움이 되는 건설적이고 유익한 과제이다. 반면에 자기비판은 낙담, 불만, 우울증으로 이어질 수 있는 파괴적인 힘이다.

만일 우리가 삶의 변화를 원한다면, 끊임없이 자신을 비난하고 스스로를 헐뜯는 대신, 하나님의 말씀을 묵상하고 하나님의 말씀을 소리 내어 말하는 것으로 우리 자신을 훈련할 필요가 있다. 하나님은 하늘에서 당신을 비판하시는 분이 아니다. 그분은 당신을 계속 응원하는 수많은 증인들의 선두에 계신다! 당신이 그들을 찾아낸다면 말씀은 당신을 위한 힘과 지도와 약속이 있다. 주님께 당신이 개선해야 할 분야에 대해서 당신을 도와달라고 요청하라. 그분의 말씀과 성령의 도우심을 통해 당신은 무엇이든 성취할 수 있다.

Self-Criticism

So often we can be our own worst enemies. We set unrealistic expectations for ourselves and are critical of ourselves when we don't live up to them. But self-criticism is a destructive process that can undermine what God wants to accomplish in our lives.

It's time to borrow a page from God's playbook and give yourself some grace. We are all works in progress. We all make mistakes, we all drop the ball, and we all fall short. So what? When you miss the mark, get up, dust yourself off, and get back in the game.

That's not to make light of the fact that there is always room for improvement, and yes, we should make a habit of evaluating our own lives. Everyone needs to make adjustments at times to get back on track to living a more fulfilled and productive life, but there is a big difference between self- evaluation and self-criticism. Self-evaluation is a constructive, beneficial exercise that helps us recognize the areas where we need to improve. On the other hand, self-criticism is a destructive force that can lead to discour- agement, discontent, and depression.

If we want a change in our lives, then instead of constantly criticizing ourselves and tearing ourselves down, we need to build ourselves up by meditating on and speaking aloud God's Word. God is not in Heaven crit- icizing you; He is at the head of a great crowd of witnesses cheering you on! God's Word has strength, direction, and promises for you-if you will seek them out. Ask the Lord to help you in areas you need to improve. By His Spirit and through His Word, you can accomplish anything.

◈ 기도

나를 비판하거나 비난하지 말고, 당신이 나를 용서하신 것처럼 나를 용서하도록 도와주소서. 나의 결점에 대해 비판적으로 말하지 않게 하소서. 내가 완벽하거나 결코 그렇게 될 수 없지만, 그래도 괜찮다는 것을 깨닫게 도와주소서. 어쨌든 당신은 여전히 나를 사랑하시나이다. 내게 내 자신을 사랑하는 법을 보여 주소서.

내가 진행 중인 작품이라는 것을 알고 자신에게 친절할 수 있도록 은혜와 자비를 베풀어 주소서. 내가 실수를 할 때 자책하지 않도록 도와주소서. 내가 목표를 놓칠 때 낙담하거나 낙심하지 않도록 가르쳐 주소서. 당신은 나를 결코 정죄하지 않을 것이라고 말씀하셨나이다. 당신의 실례를 따르도록 도와주소서. 당신 안에서 내 자신을 격려하도록 가르쳐 주소서. 자기비판과 정죄의 염려가 없는 삶을 살겠다는 확신을 주소서. 자기비판과 비난으로부터 자유로이 살아갈 수 있도록 자신감을 주소서.

당신이 내 안에서 시작하신 좋은 일을 계속하고 삶 속에서
그 일을 완성하도록 도와주소서. 아멘.

◆ Prayer

Help me not to be judgmental or condemning tow-
ad myself, but to forgive myself just as you have for-
given me. Let me not be critical about my shortcom-
ings. Help me to realize that I am not perfect and
never will be, but that's okay. You still love me any-
way. Show me how to love myself.

Give me grace and mercy to know that I am a work
in progress and to be kind to myself. When I make a
mistake, help me not to get down on myself. Teach
me not to get discouraged or lose heart when I miss
the mark. You said you would never condemn me.
Help me to follow your example. Teach me to encour-
age myself in you. Give me confidence to live my life
free from self-criti- cism and condemnation.

Continue the good work that you started in me and help me to complete that work in my life.

"무릇 더러운 말은 너희 입 밖에도 내지 말고 오직 덕을 세우는 데 소용되는 대로 선한 말을 하여 듣는 자들에게 은혜를 끼치게 하라."

-엡 4:29

"모든 성경은 하나님의 감동으로 된 것으로 교훈과 책망과 바르게 함과 의로 교육하기에 유익하다."

-딤후 3:16

"믿음의 선한 싸움을 싸우라 영생을 취하라 이를 위하여 네가 부르심을 받았고 많은 증인 앞에서 선한 증언을 하였도다."

-딤전 6:12

"죄가 너희를 주장하지 못하리니 이는 너희가 법 아래에 있지 아니하고 은혜 아래에 있음이라."

- 롬 6:14

◈ Scriptures

"Let no corrupt communication proceed out of your mouth, but that which is good to the use of edifying, that it may minister grace unto the hearers."

— EPHESIANS 4:29

"All scripture is given by inspiration of God, and is profitable for doctrine, for reproof, for correction, for instruction in righteousness:"

— 2 TIMOTHY 3:16

"Fight the good fight of the faith. Take hold of the eternal life to which you were called and about which you made the good confession in the presence of many witnesses."

— 1 TIMOTHY 6:12(ESV)

"Sin is no longer your master, for you no longer live under the requirements of the law. Instead, you live under the freedom of God's grace."

— ROMANS 6:14 (NLT)

"나는 당신이 감히 최고가 되기 위해서 당신의 삶에 강력한 개혁을 시작하기를 바란다. 나는 당신이 지금까지 보여 준 것보다 더 훌륭하고 능력 있는 사람이라는 것을 단언한다. 당신이 마땅히 되어야 할 사람이 되지 못하는 유일한 이유는 감히 그럴 용기가 없기 때문이다. 일단 대담하게 적어도 군중들과 함께 휘말려 드는 것을 멈추고 용감하게 삶을 맞서면 삶은 새로운 의미를 갖게 된다. 새로운 힘이 당신 안에서 구체화 된다. 새로운 힘이 당신을 돕기 위해 직접 이용된다."

- 윌리엄 댄포스의 "어디 한번 해봐"에서 발췌
(Excerpt from I dare you by William Danforth)

"I want you to start a crusade in your life- to dare to be your best. I maintain that you are a better, more capable person than you have demonstrated so far. The only reason you are not the person you should be is you don't dare to be. Once you dare, once you stop drifting with the crowd and face life courageously, life takes on a new significance. New forces take shape within you. New powers harness themselves for your service."

- EXCERPT FROM I DARE YOU BY

WILLIAM DANFORTH

"아무도 당신의 동의 없이는 당신에게 열등감을 느끼게
할 수 없다."

- 엘리노어 루즈벨트(Eleanor Roosevelt)

"No one can make you feel inferior without your consent"

- ELEANOR ROOSEVELT

타인의 인정을 추구

우리 모두는 인정받기를 좋아한다. 생리학자들은 우리에게 그것은 모든 사람에게 가장 큰 욕구 중 하나라고 말한다. 당신이 자신에게 정직하다면 당신은 당신이 인정받는 것을 즐긴다는 것을 인정할 것이다. 우리 모두 그렇다. 그것이 당신의 상사가 등을 가볍게 두드리는 것이든, 당신의 담임 목사님의 감사의 악수든, 아침 식사로 팬케이크를 만든 것에 대해서 당신의 아이로부터 간단한 '고마워요, 엄마'이든 우리 모두는 인정을 받고 싶어 한다. 인정은 우리에게 목적의식을 주고 가장 강력한 동기부여 가운데 하나이다.

그러나 우리는 타인의 인정에 의지하여 우리 자신의 가치나 우리의 삶의 기쁨의 수준을 결정하기 시작하면 위험한 영역으로 들어간다. 우리는 모든 사람들이 우리가 얼마나 훌륭한 그리스도인인지 볼 수 있게 하기 위해서 교회에서 자원봉사를 시작할 수 있다. 우리는 친구들에게 우리가 얼마나 영적인지 보여 주기 위해서 조금 더 열성적으로 기도할 수 있다.

우리는 사람들이 우리의 업적을 알아채고 알아볼 수 있게 하기 위해서 사람들이 있는 데서 완벽한 엄마와 아내가 되기 위해서 애를 쓸 수 있다. 우리는 조심하지 않으면 잘못된 동기 때문에 옳은 일을 하는 자신을 발견하게 될지도 모른다. 당신은 자신의 중요성과 능력 그리고 주변 사람들이 그것을 생각하는 방식으로 당신이 그것을 바라보는 방식으로 자신의 가치를 바라보기 시작한다면 그것은 변화가 필요한 시점이다.

만약 당신이 당신의 행복을 결정하기 위해서 계속해서 다른 사람들의 인정을 얻으려고 한다면 당신은 매우 불행한 삶을 살고 있는 자신을 발견할 것이다. 당신이 다른 사람들이 생각하는 것을 지나치게 중시한다면, 당신은 당신의 목적과 운명 그리고 욕망 또는 하나님의 말씀에 근거하지 않고 다른 사람들이 어떻게 반응할 것이냐 하는 생각에 따라 결정을 내릴 수도 있다.

하나님께서 오늘 그리스도 안에서 당신이 누구인지를 당신에게 상기시켜 주시기를 바란다!

Seeking the Approval
of Others

We all like to be appreciated. Physiologists tell us that it is one of the greatest desires in every individual. If you are honest with your- self, you will admit that you enjoy being appreciated-we all do. Whether it's a pat on the back from your boss, a handshake of appreciation from your pastor, or a simple "thanks, Mom" from your child for making pancakes for breakfast, we all want to be appreciated. Appreciation provides us with a sense of purpose, and it is one of the most powerful motivators.

But we get into dangerous territory when we begin to rely on the approval of others to determine our self-worth or the level of joy in our life. We can begin to volunteer at church so everyone will see what good

Christians we are. We can pray with a little more zeal to show friends how spiritual we are. We can try to be the perfect mom and wife in public so people will notice and recognize our accom- plishments. If we are not careful, we may find ourselves doing the right things-for the wrong reasons. If you start viewing your importance, your ability, and your worth the way you think those around you view it, it's time for a change.

If you are constantly seeking the approval of others to determine your happi- ness, you will find your-self living a very unhappy life. If you put too much emphasis on what others think, you may make deci-sions based on how you think others will respond, not based on your own purpose, destiny, desires, or God's Word.

Let God remind you who you are in Christ today!

◈ 기도

주여! 나의 삶이 사람들을 기쁘게 하기 위해서 살지 않도록 도와주소서. 다른 사람들의 인정을 받기 위해 애를 쓰지 않도록 나 자신과 당신을 신뢰하게 하소서. 내 마음과 본능을 믿을 수 있는 자신감을 주소서.

나의 소망과 목표가 당신을 공경하는 방식으로 살게 하소서. 나는 다른 사람들의 의견이 아니라 당신의 말씀의 원칙에 근거하여 진실하고 목적 있는 삶을 살기로 선택하나이다. 다른 사람들의 조언에는 열려 있지만 내 자신의 마음과 신념을 따를 만큼 강해지도록 도와주소서. 다른 사람들의 비난이나 모욕이 나를 불쾌하게 하거나 내 감정을 상하게 하지 않도록 나를 도와주소서. 다른 사람의 목소리보다 당신의 지도와 지시에 더 민감하게 반응할 수 있도록 도와주소서. 나는 다른 사람의 인정을 받기보다 당신의 인정을 받기를 원하나이다.

◈ Prayer

Lord, help me not to live my life as a people pleaser. Let me have the confidence in myself and in you so I won't have to strive for the approval of others. Grant me the confi- dence to trust my own heart and instincts.

Let my desire and goal be to live my life in such a way that honors you. I choose to conduct my life with integrity and purpose based on the principles of your Word, not on the opinions of others.

Help me to be open to the advice and council of others but strong enough to follow my own heart and convictions. Help me not to let the criticism or insults of others offend me or hurt my feelings. Help me to be more sensitive to your guidance and direction than the voices of others. I desire your approval more than the approval of others.

"이제 내가 사람들에게 좋게 하랴 하나님께 좋게 하랴 사람들에게 기쁨을 구하랴 내가 지금까지 사람들의 기쁨을 구하였다면 그리스도의 종이 아니니라."

- 갈 1:10

"사람을 두려워하면 올무에 걸리게 되거니와 여호와를 의지하는 자는 안전하리라."

- 잠 29:25

"오직 하나님께 옳게 여기심을 입어 복음을 위탁받았으니 우리가 이와 같이 말함은 사람을 기쁘게 하려 함이 아니요 오직 우리 마음을 감찰하시는 하나님을 기쁘시게 하려 함이라."

- 살전 2:4

"Am I now trying to win the approval of human beings, or of God? Or am I trying to please people? If I were still trying to please people, I would not be a servant of Christ."

- GALATIANS 1:10 (NIV)

"The fear of man bringeth a snare: but whoso putteth his trust in the LORD shall be safe."

- PROVERBS 29:25

"But just as we have been approved by God to be entrusted with the gospel, so we speak, not to please man, but to please God who tests our hearts"

- 1 THESSALONIANS 2:4 (ESV)

사람들은 비논리적이고, 비합리적이며 이기적이다.

어쨌든 그들을 사랑하라.

당신이 선을 행하면 사람들은 당신이 이기적인 숨은 동기를 가지고 있다는 이유로 비난할 것이다.

어쨌든 선을 행하라.

만약 당신이 성공한다면 당신은 거짓 친구들과 진짜 적들을 얻을 것이다.

어쨌든 성공하라.

당신이 오늘 행하는 선한 일은 내일 기억에서 사라질 것이다.

어쨌든 선을 행하라.

정직과 솔직함이 당신을 상처 입기 쉽게 만든다.

어쨌든 정직하고 솔직하라.

가장 큰 생각을 가진 가장 큰 사람들이 가장 작은 마음을 가진 가장 작은 사람들에 의해 격추될 수 있다.

어쨌든 크게 생각하라.

사람들은 약자에게 호의를 보이지만 최상의 우세한 쪽을 따른다.

어쨌든 소수의 약자를 위해 싸우라.

당신이 몇 년 동안 쌓아온 것은 하룻밤 사이에 파괴될 수도 있다.

어쨌든 쌓으라.

사람들은 정말로 도움이 필요하지만 만약 당신이 그들을 돕는다면 당신을 공격할지도 모른다.

어쨌든 사람들을 도우라.

당신이 가지고 있는 가장 좋은 것을 세상에 주라. 그리고 당신이 가진 것으로 최선을 다하면 당신은 심한 취급을 받을 것이다.

어쨌든 당신이 가지고 있는 가장 좋은 것을 세상에 주라.

- 켄트 M. 키스(KENT M. KEITH)의

역설적 권고는 마더 테레사의

캘커타의 어린이집에 자랑스럽게 전시되어 있다.

People are illogical, unreasonable, and self-centered Love them anyway

If you do good, people will accuse you of selfish ulte- rior motives.

Do good anyway

If you are successful, you will win false friends and true enemies.

Succeed anyway

The good you do today will be forgotten tomorrow

Do good anyway

Honesty and frankness make you vulnerable.

Be honest and frank anyway

The biggest men and women with the biggest ideas can be shot down by the smallest men and women with the smallest minds.

Think big anyway

People favor underdogs but follow only top dogs.

Fight for a few underdogs anyway

What you spend years building may be destroyed overnight

Build anyway

People really need help but may attack you if you do help them

Help people anyway

Give the world the best you have and you'll get kicked in the teeth.

Give the world the best you have anyway

- THE PARADOXICAL COMMANDMENTS BY KENT M. KEITH, WAS PROUDLY DISPLAYED IN MOTHER TERESA'S CALCUTTA'S CHILDREN'S HOME

"당신의 삶에서 가장 큰 실수는 계속 당신이 실수를 저지를까 봐 두려워하는 것이다."

-엘버트 허바드(Elbert Hubbard)

"The greatest mistake you can make in life is continually fearing that you'll make one."

– ELBERT HUBBARD

미래에 대한 두려움

미래에 대한 두려움은 우리를 괴롭힐 수 있다. 그것은 우리가 가장 두려워하는 것들(…하면 어쩌지)을 지나가도록 행동을 취하는 것을 못하게 할 수 있다. 내가 직장을 잃으면 어쩌지? 내가 생명을 위협하는 병에 걸리면 어쩌지? 내 아이들이 어리석은 실수를 하면 어쩌지? 경제가 붕괴되면 어쩌지? 핵대학살이 일어나면 어쩌지? 그 목록은 계속되고 계속될 수 있다. 당신이 미래에 대한 두려움과 싸울 때 당신에게 명쾌함이 필요할 때 이제 하나님을 향해 눈을 돌릴 때다.

미래에 대한 두려움이 당신을 괴롭힐 수도 있지만 당신이 그런 압박 속에서 사는 것은 하나님의 뜻이 아니다. 하나님은 우리에게 두려운 마음을 주신 것이 아니다!

우리는 미래가 무엇을 갖고 있는지 통제할 수 없지만 우리가 원하는 모습으로 우리의 미래를 형성하는 데 도움이 되는 특정 조치를 취할 수 있다. 제대로 먹고 운동을 하면 장수

할 가능성이 높아진다. 우리가 예산 안에서 살고 돈을 절약한다면 그것은 재정적인 부담 없이 은퇴할 가능성이 더 커진다.

오늘날 현명한 선택을 할 수 있을 만큼 여러분의 미래에 대해 관심을 갖는 것은 좋은 일이지만 여러분의 관심이 염려나 두려움으로 바뀌지 않도록 하라. 무슨 일이 일어나더라도 하나님이 당신을 돌봐주실 것을 믿으라. 당신이 실수와 잘못된 결정을 내렸다고 해도 하나님은 자비로우시고 당신을 부양하시고 꺼내 주실 것이다. 하나님을 믿으라. 그러면 그분이 당신에게 평안과 명석함을 주실 것이다. 성경은 하나님의 삶의 지침이다. 성경은 "너는 마음을 다하여 여호와를 신뢰하고 네 명철을 의지하지 말라 너는 범사에 그를 인정하라 그리하면 네 길을 지도하시리라"(잠 3:5-6)고 말씀한다.

Fear of the Future

Fear of the future can torment us. It can paralyze us from taking action to prevent the very things we fear most from coming to pass-the "what ifs." What if I lose my job; what if I get a life-threatening disease; what if my kids make some stupid mistake; what if the economy collapses; what if there is a nuclear holocaust? The list can go on and on. When you are fighting fears about your future and you need clarity, it's time to turn to God.

Fears about the future may haunt you, but it is not God's will for you to live under that pressure. God has not given us a spirit of fear!

While we can't control what the future holds, we can take certain steps to help fashion our future to the image we desire. If we eat right and exercise, we increase the likelihood of having a long life. If we live within our budget and save money, then it is more likely that we can have a retirement without financial burdens.

While it's good to be concerned enough about your future to make wise choices today, don't let your concern turn into worry or fear. Trust God that no matter what happens, He will take care of you. Even if you have made mistakes and wrong deci- sions, He is merciful and will sustain you and bring you out. Trust in Him, and He will give you peace and clarity. The Bible is God's guide for your life, and it says to trust in the Lord with all your heart and lean not on your own understanding; in all ways acknowledge Him and He will direct your steps.

◈ 기도

주여! 당신이 나를 위해 갖고 계시는 비전과 계획을 제게 밝혀 주시기를 기도하나이다. 당신이 나를 위해 준비하신 과정을 추구하도록 내 마음속에 열정이 타오르게 하소서. 내 삶의 여정에 올바른 사람들을 보내 주시고 영향력을 주소서. 내 미래를 당신께 맡기나이다.

내 삶에서 당신의 계획과 목적을 성취하소서. 내 삶을 위한 당신의 뜻이 무엇이든지 간에 순종하도록 도와주소서. 내 발걸음을 인도하시고 안내하시고 지시하소서.

당신이 나를 위해서 가지고 계시는 나와 당신의 뜻 사이에 있는 어떤 장애물도 극복할 용기와 힘을 주소서. 내게 인내와 끈기를 주소서. 내가 좌절했을 때 낙심하거나 포기하지 않도록 내 믿음을 담대하고 강하게 하소서. 내가 포기하고 그만두고 싶은 시험을 받을 때 계속 밀어붙일 용기를 주소서.

내 삶이 당신의 사랑과 열정 그리고 풍부한 공급하심의 증언이 되게 하소서. 예수님의 이름으로 기도하나이다. 아멘.

◆ Prayer

Lord, I pray that you would reveal to me the desires and plans that you have for me. Kindle a passion in my heart to pursue the course that you have prepared for me. Send the right people and influences into my life. I trust you with my future.

Fulfill your plan and purpose in my life. Help me to be obedient to whatever your will is for my life. Lead, guide and direct my steps. Give me courage and strength to over- come any obstacle that stands between me and the destiny you have for me.

Give me patience and persistence. Let me not lose heart or give up when I face setbacks, but be bold and strong in my faith. Give me fortitude to press on when I am tempted to give up and quit.

May my life be a testimony of your love, your passion and your abundant provision. In Jesus' name I pray, amen.

"너희는 강하고 담대하라 두려워하지 말라 그들 앞에서 떨지 말라 이는 네 하나님 여호와 그가 너와 함께 가시며 결코 너를 떠나지 아니하시며 버리지 아니하실 것임이라."

- 신 31:6

"너는 마음을 다하여 여호와를 신뢰하고 네 명철을 의지하지 말라 너는 범사에 그를 인정하라 그리하면 네 길을 지도하시리라."

- 잠 3:5, 6

"여호와의 말씀이니라 너희를 향한 나의 생각을 내가 아나니 평안이요 재앙이 아니니라 너희에게 미래와 희망을 주는 것이니라."

- 렘 29:11

"여호와께서 내게 이르시되 네가 잘 보았도다 이는 내가 내 말을 지켜 그대로 이루려 함이라 하시니라."

- 렘 1:12

◆ Scriptures

"Be strong. Take courage. Don't be intim- idated. Don't give them a second thought because God, your God, is striding ahead of you. He's right there with you. He won't let you down; he won't leave you."

- DEUTERONOMY 31:6 (MSG)

"Trust in the LORD with all thine heart; and lean not unto thine own under- standing. In all thy ways acknowledge him, and he shall direct thy paths."

- PROVERBS 3:5-6

"For I know the plans I have for you," declares the Lord, "plans to prosper you and not to harm you, plans to give you hope and a future."

- JEREMIAH 29:11(NIV)

"For I know the thoughts that I think toward you, saith the LORD, thoughts of peace, and not of evil, to give you an expected end."

- JEREMIAH 1:12

"바다는 위험하고 폭풍은 끔찍하지만 이러한 장애물이 결코 해안에 남아 있을 충분한 이유가 된 적은 없다. 평범한 사람들과 달리 용감한 사람들은 불가능하게 보이는 것들에 대한 승리를 추구한다. 두려움 없이 잘 보이지 않는 미래에 맞서 미지의 세계를 정복하는 것은 그들이 모든 노력 중에서 가장 대담무쌍한 일에 착수하는 강철 같은 의지이다."

-1520년에 쓴 위대한 탐험가 페르디난트 마젤란
(Ferdinand Magellan)

"The sea is dangerous and its storms are terrible, but these obstacles have never been sufficient reason to remain ashore. Unlike the mediocre, intrepid spirits seek victory over those things that seem impossible. It is with an iron will that they embark on the most daring of all endeavors, to meet the shadowy future without fear and conquer the unknown."

- WRITTEN IN 1520, BY THE GREAT EXPLORER
FERDINAND MAGELLAN

"장애물은 나를 무너뜨릴 수 없다. 모든 장애물은 단호한 결심에 굴복한다. 별에 집착하는 사람은 그의 마음을 바꾸지 않는다."

– 레오나르도 다 빈치(Leonardo Da Vinci)

"Obstacles cannot crush me, every obstacle yields to stern resolve, he who is fixed to a star does not change his mind"

– LEONARDO DA VINCI

예상치 않은 실패

예상치 않은 실패는 삶의 일부일 뿐이다. "실패" 소식을 접할 때 당신은 무너지거나, 아니면 그 상황에서 장점을 찾고 하나님을 신뢰하게 될 것이다. 두 번째 선택은 첫 번째 선택보다 훨씬 더 어렵지만 그 보상은 헤아릴 수 없을 것이다.

다락방에서 화재가 났을 때 우리 가족과 나는 불과 6일 동안 우리의 새집에서 살고 있었다. 손님들이 우리와 함께 머물고 있었고 우리가 불길을 피하기 위해서 급하게 탈출할 때 우리 모두는 허둥지둥했다. 다행히 모두 집을 무사히 빠져나왔다. 우리는 인도에 옹기종기 모여 소방관들이 화재를 진압하는 모습을 지켜보았다. 연기와 오렌지색 불꽃이 건물 밖으로 쏟아져 나올 때 우리는 안에 있는 우리의 모든 물건들이 손상되거나 분실될 것이라는 사실을 알았다.

아내는 눈물을 글썽이며 나를 바라보더니 "괜찮아요. 여보,"라고 말했다. 이게 무슨 좋은 일인가? 나는 그녀와 우리

아이들 그리고 손님들을 둘러보았다. 우리는 모두 다치지 않고 무사했다. 나는 이렇게 대답하였다. "이것이 무엇이 괜찮은가? 내가 사랑하는 모든 사람들이 나와 함께 이 인도 위에 서 있다! 때때로 우리는 우리 앞에 있는 끔찍한 것만을 보고 그것이 훨씬 더 나쁜 것이었을 수도 있었다는 것을 깨닫지 못한다.

우리가 좌절하는 것을 어떻게 처리하는가. 그리고 우리가 그것을 어떻게 할지를 선택하는 것이 우리의 특성을 나타내고 우리가 어떤 사람인지를 결정한다. 당신이 선을 찾기를 선택하고 경건한 은혜로 실패를 처리할 때 그것이 사람들에게 당신의 근원이신 하나님께로 향하게 한다!

우리는 실망과 실패를 좋아하지 않을 수도 있지만 그들을 미워해서는 안 된다. 대신 그들을 "이게 무슨 좋은 일인가?"라고 말할 기회로 바라보라.

Unexpected Setbacks

Setbacks are just part of life. When you receive "setback" news, you will either fall apart or choose to find the good in the situa- tion and trust God. Be careful which one you choose; the second choice is much, much harder than the first, but the payoff is immeasurable.

My family and I had been living in our brand new home for just six days when a fire broke out in the at- tic. Guests were staying with us, and we were all pan- icked as we rushed to escape the blaze. Fortunately, everyone made it out safely. We huddled together on the sidewalk and watched the firemen battle the fire. As smoke and orange- red flames poured out of the building, we knew that all of our stuff inside would likely be damaged or lost.

My wife looked at me with tears in her eyes and

said, "Okay, mister. What is good about this?" I looked around at her, our kids, and our guests-we were all safe and sound. I answered, "What is good about this? Everyone I love is standing on this sidewalk with me!" Sometimes we only see the terrible thing in front of us and don't realize that it could have been something far worse.

What we make of setbacks, how we handle them, and what we choose to do about them defines us and makes us who we are. When you choose to look for the good and you handle setbacks with godly grace, it points people to your source-God!

We may not love disappointments and setbacks, but we also shouldn't hate them. Instead, see them as opportunities to say, "What is good about this?"

◈ 기도

주여! 실패가 삶에 정상적이라는 것을 깨닫게 도와주소서. 이 실패 때문에 내가 두려워하거나 불안해하거나 또는 압도 당하지 않고 어떤 상황에서도 버텨내고 당신과 당신의 힘을 의지하게 하소서.

낙담하거나 원망하지 말고 과거에 연연하지 않고 소망과 기대를 가지고 미래를 예측하고 바라보도록 도와주소서. 실패를 재기(再起)로 바꾸는 방법을 보여 주소서. 무언가 배울 교훈이 있다면 내가 알아야 할 필요가 있는 것을 알려주시고 나의 미래를 위한 당신의 계획을 추구하면서 자신감을 가지고 앞으로 나아가도록 지도하고 지혜를 주소서.

나는 실패나 좌절이 나를 이기거나 한정하는 것을 거부하나이다. 주여! 나의 신뢰를 당신께 두나이다. 나는 당신이 내 발걸음을 인도해 주실 것이며 내 삶을 위한 당신의 계획과 목적을 성취하시리라 확신하나이다. 아멘.

◆ Prayer

Lord, help me to realize that setbacks are normal to life. Let me not be fearful, anxious or overwhelmed because of this set back, but enable me to lean on you and rely on you and your strength to see me through any situation.

Help me not to be discouraged or resentful and not to dwell on the past but to anticipate and look towards the future with hope and expectation.

Show me how to turn my setbacks into comebacks. If there are any lessons to learn, reveal to me what I need to know; and then give me guidance and wisdom to go forward with confidence in the pursuit of your plan for my future.

I refuse to let setbacks or failures defeat me or define me. I put my trust in you, Lord, and I have confidence you will direct my steps and bring to fruition your plan and purpose for my life.

◈ 성경

"의인은 고난이 많으나 여호와께서 그의 모든 고난에서 건지시는도다."

-시 34:19

"너희 안에서 착한 일을 시작하신 이가 그리스도 예수의 날까지 이루실 줄을 우리는 확신하노라."

-빌 1:6

"악한 자여 의인의 집을 엿보지 말며 그가 쉬는 처소를 헐지 말지니라."

- 잠 24:16

"오직 여호와를 앙망하는 자는 새 힘을 얻으리니 독수리가 날개 치며 올라감 같을 것이요 달음박질하여도 곤비하지 아니하겠고 걸어가도 피곤하지 아니하리로다."

- 사 40:31

◈ Scriptures

"Many are the afflictions of the righteous: but the LORD delivered him out of them all."

— PSALMS 34:19

"Being confident of this very thing, that he which hath begun a good work in you will perform it until the day of Jesus Christ."

— PHILIPPIANS 1:6

"For a righteous man falls seven times and rises again, but the wicked stumble in times of calamity."

— PROVERBS 24:16 (ESV)

"But those who hope in the LORD will renew their strength. They will soar on wings like eagles; they will run and not grow weary, they will walk and not be faint."

— ISAIAH 40:31(NIV)

지은이에 관하여

30년 이상 기독교 출판에 참여한 키이스 프로방스(Keith Provance)는 성경적으로 삶을 변화시키는 서적의 출판 및 전 세계 배포를 전담하는 회사인 성령과 말씀 출판사의 설립자이자 사장이다. 그는 또한 국가 및 국제 사역의 출판 컨설턴트로 일한다. 키이스(Keith)는 그의 아내와 그의 아들 제이크(Jake)와 함께 계속해서 글을 쓴다. 그와 그의 아내 메건(Megan)은 총 2백만 부 이상의 판매고를 가진 다수의 베스트셀러를 저술했다. 그들은 오클라호마(Oklahoma) 주 툴사(Tulsa)에 살고 있으며 세 아들 라이언(ryan), 개럿(Garrett) 그리고 제이크(Jake)의 부모이다. Keith@WordAndSpititPublishing.com으로 키이스(keith)에게 연락할 수 있다.

제이크 프로방스(Jake Provance)는 열성적인 독서가이자 야심 찬 젊은 작가로 다섯 권의 책을 썼고 몇 권을 더 쓸 계획을 가지고 있다. 제이크(Jake)의 첫 번째 책인 「잠잠히 하나님만 믿으라」는 70만 부 이상이 팔렸다. 그는 오클라호마(Oklahoma) 주 툴사(Tulsa)에 있는 도마타(Domata) 성경

학교를 졸업했다. 그는 특히 젊은이 사역에 열정을 가지고 있으며 목회 조언 사역에 소명이 있다. 제이크(Jake)와 그의 아내 레아(Leah)는 오클라호마(Oklahoma) 주 툴사(Tulsa)에 산다.

제이크(Jake)의 블로그를 Life-Speak.com에서 확인하라. 제이크(Jake)에게 연락해도 좋다. Jake@WordAndSpitit-Publishing.com으로 제이크(Jake)에게 연락할 수 있다.

옮긴이에 관하여

옮긴이 한길환 목사는 미국 Oakland City University를 졸업(문학사)하고 Kurper College에서 수학(기독교교육학사)했으며, 총신대학 신학대학원에서 목회학석사(신약전공)를 졸업하고 서울 성경신학 대학원대학교에서 신학석사(구약전공)를 졸업하고, 동대학원대학교 박사과정(구약전공)을 수학하고 서울 한영대학교 통역대학원 통역학 석사(통역전공)를 졸업했다. 역서로는 우드로우 크롤의 '성경의 기본시리즈(10권)', 찰스 스탠리의 '기도의 핸들', 워치만 니의 '영적 능력의 비밀', 폴 켄트의 '당신의 성경을 알라', 데이비드 위트콤과 마크워드의 '진정한 예배', 조쉬 맥도엘 & 션 맥도엘의 '부활 그리고 당신', 키이스 프로방스 & 제이크 프로방스의 '잠잠히 하나님을 믿으라(상.하)'가 있으며, 근간으로 엘맨 출판사의 존 D. 길레스피의 '인간의 영혼 안에 계시는 하나님의 새 생명', 조쉬 맥도엘 & 케빈 존슨의 '청소년을 위한 놀라운 성경 모험', '청소년을 위한 성경에 관한 최고의 답변', 키이스 프로방스 & 제이크 프로방스의 '예수님은 왕이시다' 외 동 저자의 5권의 책이 있다. 그는 현재 충남 홍성 생명의 강가 작은 서재에서 번역 사역과 신앙 서적 집필에 전념하고 있다.